“ココ一番”の真心を

カレーハウスCoCo壱番屋 創業者
宗次 德二

中経マイウェイ新書 045

目次

はじめに

２０１８（平成30）年10月14日、70歳の誕生日を迎えました。少年時代、極貧のただ中にあった私から見れば、想像もつかない人生になりました。中でも現金収入を得ようと副業で始めた喫茶店経営が、人生を大きく変えました。接客業に携わっていなければ、カレーハウスＣｏＣｏ壱番屋は存在しなかったし、私自身もどうなっていたかわかりません。

私の経営者人生は、人・モノ・金はもちろん、経験すらないまったくのゼロからのスタートでした。「いつでも真面目に取り組む」姿勢以外には何もなかったと思います。創業から約30年の出来事を振り返っても、苦難があったという気はしません。周囲の人たちからは「宗次さんの考える『苦労』は世間一般と基準がまったく違う」と言われることもあります。

確かにお金の問題やお客さまからのクレーム対応、従業員の教育など、数多くのピンチに立ち向かったことも事実です。前に流行《はや》った政治家の発言を借りれば「カレー専門店ではなく、『苦労の総合商社』を経営していた」と言えるでしょう。

しかし、私は自ら望んで「カレー専門店の経営者」になり、自分の意思で借金をし、店を増やしてきたのです。自分の思い通りにやってきたのだから、苦労するのは当たり前だし、それ以上にやりがいや幸せを感じてきました。

また、53歳の時、壱番屋の経営から退きました。「創業者」という肩書きはあるものの、同社の経営には一切関わっていません。ある人から「一切の未練もなく経営から引退したのは、この仕事を『やりきった』と感じているからなんでしょうね」と言われたことがありますが、まさにその通りだと思います。

今、私はクラシック音楽ホールの運営、および困った人を支援するエンジェル事業に力を注いでいます。今回、中部経済新聞から「人生を振り返る」企画のお話をいただきました。どのようにして壱番屋をつくったのか、これから私は何をしていくのかを考えるのもよい機会であると考え、この連載を受けることにしました。では、私の出生からお話しましょう。

筆者近影

養父母に引き取られ

私は自分の両親の顔を知りません。1948（昭和23）年10月14日に石川県で生まれ、その後、兵庫県尼崎市の児童養護施設に預けられました。実の父親、母親がどんな人であったのか、自分のルーツはどこにあるのかを知りたいと思ったことは、不思議なことにこれまで一切ありませんし、今もそのような気持ちはありません。今となってはまったくわからない状態です。

3歳の時、尼崎市に住む養父母、宗次福松《ふくまつ》・清子に引き取られました。子どもを引き取るぐらいですから、裕福な家でした。雑貨商を営む一方、手広く貸家業をしていました。子どもがいなかった養父母のもとで、豊かな家庭の一人息子として育てられるはずでした。幼かった私にはその記憶は一切ありませんが、きれいな服を着せられ、大切に育てられていたようです。もちろん私には

「もらい子」であることは知らされておらず、長年にわたり養父母を実の親だと信じていました。

その歯車が狂ったきっかけは、私が生まれた年に始まり、ブームになった「競輪」です。養父は私を引き取ったころから夢中になり、商売はほったらかしで収入のすべてを競輪につぎ込みました。あっという間に財産はなくなり、家も土地もすべて手放すことになってしまいました。

当時のことについて、唯一私の記憶に残っているのは、夜逃げの日真夜中の川沿いを養母に手を引かれて歩いたことです。私たちは地元にいられなくなり、夜逃げ同然で住んでいた街を去り、岡山県玉野市に移り住みました。

それでも養父の競輪好きは止むことはありませんでした。日雇いの仕事をし、お金が入ればすべて競輪に使ってしまう。あれだけ夢中になれば、時には勝ったこともあるはずですが、そのお金もすべて次のレースに賭けていたようです。

　また養母は魚の行商で生活費を得ていましたが、そのお金も取り上げて競輪につぎ込む始末。二人は毎日ケンカをしていました。施設から引き取られ、裕福で幸せな生活を送るはずだった私に、極貧の生活が待っていました。

一時期通った保育園で（右端が私）

極貧の少年時代

1955(昭和30)年、玉野市の小学校に入学しました。ある日、養母が姿を消し、競輪にのめり込んだ養父との2人きりの生活が始まりました。

養父は一切お金を家に入れることなく、持っていたお金を使い果たすまで、家には帰ってこないのです。質屋に行こうとしても質草になるものがありません。家賃が払えずにアパートや間借りの部屋、時には廃屋にも住みました。料金滞納で電気や水道が使えない日も続きました。

このころは、学校が終わり友達と遊んだ後、ローソクを灯していつ帰ってくるかわからない養父を待つのが日課でした。

掃除や炊事は当時6、7歳だった私の仕事です。もっとも米がある日の方が少なく、小麦粉を水で溶いたものや、自生していた柿やいちじく、場合によっては野草まで食べて飢えをしのいでいました。また、珍しく米がある時は多くの麦を入れ、裏山で拾ってきた木切れを使って炊いていました。

学校給食のない日は弁当を持っていけないので、昼時には教室を抜け出し、校舎の陰で過ごしていました。ただ、当時は私の家以外にも貧しい家庭も多く、「貧乏だから」といじめられることはなかったです。

ある日、私は養父にパチンコ屋に連れていかれました。そこで落ちている煙草の吸殻を拾い、その葉をキセルに詰めてうまそうに吸う姿を見て以来、日課のように学校から帰るとパチンコ屋に行き、大人の足元をはいずり回って吸殻を拾うようになりました。拾ってきた吸殻を渡すと、この時ばかりは「そうか、そうか」と喜んでくれました。私はその笑顔を見たいがために、3キロも離れたパチンコ店に通い続けました。

そんな養父ですが、年1回、職業安定所でもらう年末一時金で、私が好きなリンゴを2個買ってきてくれました。いつもは怒鳴ったり、暴力をふるったりする養父でしたが、そんな親でも私は大好きだったのです。

中学生のころの私

高校入学

１９５７（昭和32）年、養母の所在がわかり、養母が住んでいた名古屋市のアパートで養父とともに住むことになりました。それでも養父の競輪熱は冷めることなく、愛想をつかした養母は市内の別のアパートに移り、サラリーマン相手の屋台を始めました。今度は居所がわかっていたので、私は学校に通うかたわら養母の仕事を手伝いました。

日雇い仕事と生活保護で暮らしていた私と養父ですが、常に家賃を滞納するので、何度となく転居を繰り返し、そのたびに転校する羽目になりました。アルバイトにも精を出し、中学1年から毎年の年末には米屋に泊り込み、早朝から餅つきの仕事をしました。

そんな貧しい生活の中でも非行に走らなかったのは、中学から始めたバレーボールのおかげだと思います。転校した名古屋市立冨士中学校のバレー部の顧問だった先生が「日紡貝塚対ポーランド戦を見に行かないか。チケットをあげる代わりにバレー部に入りなさい」と誘ってくれたのです。それ以来バレーボールに打ち込みました。部活は本当に楽しく、少年時代の最高のいい思い出になっています。

高校進学にあたって、当初は定時制に行こうと考えていましたが、私の家庭の事情を知らない担任の言う通りに全日制の私立を受けました。家庭ではあまり勉強をしていなかったにもかかわらず合格したのですが、入学金のことを養父に言えず、入学手続き期間が過ぎてしまいました。残すは公立の試験のみ。担任の先生から「学力から考えると公立は無理」と言われていましたが、運良く愛知県立小牧高等学校に合格することができました。

この高校入学の際に取り寄せた戸籍謄本で本当の誕生日を知り、自分が養子であること、それまで「基陽《もとはる》」と呼ばれていたが、本名は「徳二」であることを知りました。「なぜ本名と違う名前なのか」と養父に聞いたところ、「競輪で負けてばかりで縁起が悪かったから」という言い訳をしていました。

養父母と血がつながっていないと知っても、私自身はあまり大きな衝撃を受けませんでした。それはやはり日々の暮らしの中で養父母こそが、自分の本当の親だと思っていたからです。

高校１年生のころ。高校に入学してからもバレーボールを続けた

養父の死

高校に入る直前に養父が胃がんで入院、夏休みが終わるぐらいに亡くなりました。入院中養父は私に競輪選手名鑑を読み上げさせ、それを聞くのを楽しみにしていました。他にも車券を買うなど、自分が好きなように生きた57年の生涯でした。この養父の破滅的な生き方に振り回された極貧生活が、少し他の人と違った性格や忍耐力を育んだのではないかと思っています。

養父の入院後、養母との生活が始まっていました。当時、養母はある会社の社員寮で賄いの仕事に就いていました。安定収入があるので家賃を滞納することもなく、15歳の時に初めて電気のある生活を体験しました。

養母は勤務先では自分の食事に手をつけず、弁当箱に詰めて持ち帰ってくれました。高校に入っても続けていたバレーボール部の練習で、おなかをすかせた私にとって、非常にありがたかったです。

私自身も家計の足しになるように、友人の家が経営している豆腐屋で早朝からアルバイトをしました。私の窮状を知ったその父親は日曜日や夏休みには1日4、5時間働かせてくれました。

電気のある暮らしに慣れた1学期の半ばころ、養母が勤め先の社員から白黒テレビを譲り受けました。その直後に、友人がテープレコーダーを5000円で譲ってくれるというので、アルバイト代から5回の分割払いで手に入れました。部活動を終えた私は自宅に飛んで帰り、テレビの前に集音マイクを置き、試しに録音をすることにしました。

この時に録音したのがクラシック音楽だったのです。後からわかったことですが、その番組は「N響アワー」で、メンデルスゾーンの「バイオリン協奏曲ホ短調作品64」でした。それまでクラシック音楽を聴くということは一度もありませんでしたし、何よりも録音ができるかどうかチェックするつもりだったのに、その調べに魅せられ、毎朝、学校に行く前に必ず聴くようになっていました。

今、私はクラシック音楽のホールを運営していますが、この時、録音したのがメンデルスゾーンでなかったら、今の私はなかったと思います。

40歳の時、初めての講演会で自分の生い立ちを話した

不動産会社に就職

高校を卒業し、運転をする仕事がしたいと思い、新聞広告で見つけた不動産仲介会社に入社しました。スーツを持っていなかった私は、卒業式の翌日に学生服で出社。後になって先輩たちから「学生服で会社に来たのはお前が初めてだ」とからかわれました。

大企業の社員のために住宅や土地をあっせんするのが私の仕事で、営業車として三菱の「コルト」を使わせてもらいました。これといってセールストークが上手《うま》いわけでもなく、お世辞を言うのも苦手な私は、真面目に仕事に取り組みました。「営業マンらしくない」姿勢がよかったのか、多くのお客さまに可愛がってもらいました。名古屋市近郊の土地情報をコツコツと集めて提案、お客さまからの信頼を得て、社内でもトップクラスの営業成績を収めるようになり、毎月のように営業報奨金をもらっていました。

この時、同僚は夜になると飲み歩いたり、マージャンやギャンブルをしたりしていましたが、私は休みになるとクラシック音楽のレコードを聴くという生活を送っていました。

3年ほど経ったころ、「不動産業を開業する」というイメージを持つようになりました。20歳で宅地建物取引主任者の資格を取得していた私は、「自分に足りないのは住宅建築の基礎知識だ。住宅の平面図ぐらいは書けるようになりたい」と思い、大手の住宅メーカーに転職。この会社で後に妻になる直美と出会います。

直美は社交的な性格で、20代から60代までの社員のサポート役として働いていました。せっかちな私は一目で彼女が好きになり、知り合って3カ月目、2回目のデートで結婚を申し込みました。その日は彼女の誕生日で、当時よく聴いていたイ・ムジチ合奏団演奏のビバルディ「四季」のレコードをプレゼントしました。もっともすぐにはプロポーズの返事はもらえず、それから2年間、押しの一手で結婚までこぎつけました。

世の中は住宅建設ブームを迎えており、相変わらず口は上手くなかったのですが、それがお客さまに安心感を与えたのか、コンスタントに営業成績を上げ、同僚よりも多くの歩合給を獲得するようになっていました。

不動産会社勤務時代。営業成績はよかった

「バッカス」開店

1973（昭和48）年、不動産仲介業「岩倉沿線土地」を開業しました。24歳の時のことです。「日本列島改造論」のおかげで、建設ブームが起き、サラリーマンのマイホーム取得への意欲は高く、私の商売も順調にスタート。借家・アパートの仲介でも1件の成約があれば数万円の手数料が入ります。さらに、私は銀行と交渉して土地代から建設費用を借り入れ、建売住宅を建設して、4棟販売しました。

販売額から銀行への返済分などを差し引いても、1軒売れば約200万円の粗利が残ります。1カ月20万円もあれば人並みの生活ができる時代で、自分の自宅兼事務所の住宅ローン返済はあったものの、何不自由ない生活を送れるようになりました。

ただ、朝6時に起きて通勤していたサラリーマン時代と比べ、趣味を持たない私は、時間を持て余すようになりました。また、不動産業も常に安定収入があるわけではありません。そこで妻と「何か現金収入がある商売をやってみよう」と話し合うようになりました。その結果、いくつかある接客業の中から、手っ取り早くやれそうな喫茶店経営をすることに決めました。もっとも、この時は明るく社交的な妻が店を切り盛りし、私は手伝うつもりはなかったのです。

そうして、妻はコーヒーの入れ方などを学ぶために焙煎業者の直営店に働きに行き、私は物件探しと資金の調達に銀行を回りました。物件の場所はすぐに決めたものの、銀行からは「経験がないから」という理由で融資を断られました。1カ月にわたって交渉し、何とか融資を取り付けました。この時、製パン会社で役員をしていた妻の兄が連帯保証人になってくれたことも大きかったと今でも感謝しています。

74（昭和49）年10月、ついに喫茶店「バッカス」が名古屋市西区にオープンしました。初日とその翌日はオープン記念で大盛況。２日間で約３００人のお客さまが来店しました。

私はスーツ姿で、入口で記念品を渡す役割をしていたのですが、開店早々に次から次へと来店されるお客さまの姿を見て「これはすごい。何よりも楽しい！　妻だけではなく私にとっても天職なのではないか」と直感しました。

喫茶店１号店の「バッカス」（開店時）

喫茶店経営を本業に

バッカスの開店時に「接客業こそ自分の天職だ」と感じ、早々に不動産業の廃業届を出すことにました。喫茶店が失敗した時の「保険」として、看板を残しておく道もありましたが、自ら退路を断ったのです。この時、私の人生は180度変わりました。開店翌日からスーツを脱ぎ、ポロシャツ姿でカウンターの内側に入り、マスターとして働き始めました。

名古屋市の多くの喫茶店では、コーヒーを頼むと小皿に入ったピーナッツやあられが無料で提供されます。また、朝はモーニングサービスとして、トーストやゆで卵などの朝食を出すのが普通でした。しかし、バッカスではモーニングは一切出さず、ピーナッツは1皿30円で販売しました。

おまけや安売りに対して、お客さまははじめのうちこそ「得をした」という気持ちを抱きますが、慣れるとそれが当たり前になってしまいます。銀行の融資担当者や周囲からは「モーニングは絶対にやるべきだ」と強く勧められましたが、私たちは頑として首を縦には振りませんでした。

これは、おまけや安売りに頼るのではなく、「感謝の笑顔であふれた店づくり」が、本当の「真心のサービス」だと考えていたからです。

「お客様　笑顔で迎え　心で拍手」――。

この標語は開業当初にできたものです。経営者や従業員の真心を込めたサービスで、店のファンになっていただくことが基本だと思っていました。

その一方で、アイデアも出しました。常連のお客さまにカップを買っていただき、来店の際にはそのカップでコーヒーをお出しする「マイカップサービス」を考案。これは評判になりました。

コーヒー以外ではトースト、サンドイッチ、スパゲティなどを出しましたが、材料や味にこだわるとともに、お客さまの好みを必ず聞くようにしました。たとえばサンドイッチなら、からしがいるかどうかを確認したのです。お客さまは、他の店ではモーニングなら無料でついてくるトーストやサンドイッチをどんどん注文してくれました。

こうして私たちの店は周囲の協力やお客さまに恵まれ、軌道に乗ってきたのです。

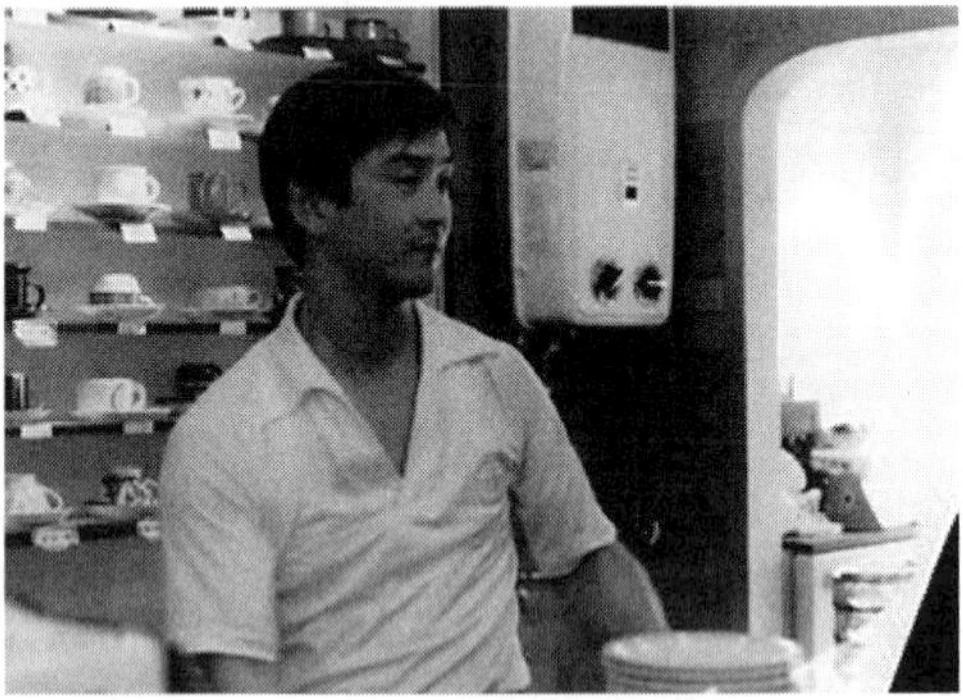

喫茶店マスターとして働く 20 代の私。

珈琲専門店の開店

バッカスの営業時間は朝7時から午後8時まで。マスターの私とママの妻・直美はその間、立ちっぱなし。開店前の準備、閉店後の片づけと、当時自宅があった岩倉市からの通勤時間もあり、睡眠時間が1日4、5時間という生活になりました。帰宅後、疲れ果てて入浴中に浴槽の中で寝てしまうこともしばしばありました。

そのような生活の中で、接客業のプロとしての意識も育まれました。

2月のある日、朝起きると20センチほどの積雪があり、クルマでの通勤をあきらめ、電車で店に向かいました。最寄り駅から店まで、雪道で転びながら何とか店にたどり着いたのが、開店時間から30分遅れの午前7時30分。

バッカスで朝のコーヒーを楽しみたいお客さまの何人かは帰ってしまい、残りの何人かをお待たせすることになってしまいました。想定外の雪であっても定時開店できなかったのは、サービス業として失格だと深く反省しました。それ以来、営業時間を厳しく守ることを誓ったのです。

開店から約10カ月経ったころ、私は市場での仕入れの帰りに建築中の店舗付き住宅を偶然見かけました。「ここで最近流行りの珈琲専門店をやろう」と考え、店に戻って妻に報告したその足で、不動産屋に向かって契約をしました。バッカスが軌道に乗りかかったとは言え、まだ開店資金の返済も済んでいません。それでも妻は「開業資金のことは私に任せて」と言ってくれました。地元の金融機関との窓口は彼女が担ってくれるようになっていたのです。

1975（昭和50）年、無事融資を取り付けて、2号店の「珈琲専門店浮野亭」をオープンしました。店名は店舗の所在地の町名から取ったもの。1号店のバッカスから直線で約150メートルの至近距離にあり、店舗面積は約7

坪。私が中心になって運営をするものの、バッカスでの仕事もあるので、妻の友人の夫に店長を任せました。

今から思うと、この2号店の存在が私の人生を決めたと言ってもよいでしょう。接客業ではズブの素人だった私に、「カレーハウスＣｏＣｏ壱番屋」につながる貴重な体験をさせてくれたのです。

客席15席、カウンターだけの「珈琲専門店浮野亭」

出前サービスの開始

珈琲専門店浮野亭は、開店2日目までは粗品目当てのお客さままで好調だったものの、3日目からは波が引くように客足が途絶えました。借入金や公共料金の支払いにさえ困る状態になっていました。

この店のテコ入れ策として考えたのが「ウインナーコーヒー」です。少し高価なコーヒーカップにコーヒーを入れ、その上にホイップクリームを一杯に浮かべたもので、価格は1杯250円。私はこれを「名古屋で一番　自慢のウインナーコーヒー」というキャッチフレーズで売り出しました。

ウインナーコーヒーの評判は口コミでじわじわと広がり、リピーターが増加。そのヒットに伴い、グラタントーストなどのサイドメニューも売れ出し、オープン1周年を迎えたころには、かつての超不振店が開店から常に満席という超繁盛店に生まれ変わりました。

このころ、3号店の出店を検討していました。しかし、従業員の確保や経営効率を考えると、喫茶店でこれ以上の多店舗化はあまり魅力がないように感じました。また、既存店で売上拡大を増やそうとしても、人気店の1、2号店でこれ以上の伸びを期待するには限界を迎えていました。

そこでバッカスを拠点にした出前サービスで売上向上を考えました。出前ならご飯ものもあった方がよいと、カレーライスやピラフをメニューに加えることにしました。しかし、業務用の缶詰やレトルトを取り寄せて味見をしてみたものの、気に入ったものがなかったのです。

それなら妻が作ってくれたカレーを出そうと決め、市販のカレールーに調味料やスパイスを独自に加えた数種類のカレーを作ってもらい、その中から私と従業員が格別においしいと感じたものを選択。飽きのこない万人がおいしいと思うであろうカレーを作り上げました。

そして、配達用に中古のバンを購入。車体に「コーヒー1杯でもお気軽にどうぞ　バッカスの出前サービス」とペイントし、街中を走ったほか、周囲の町工場や住宅に配達した時にはチラシを配布するなど、PRに努めた結果、出前サービスはすぐに人気となりました。中でもカレーライスは注目を集め、評判を聞きつけたお客さまがわざわざ来店するようになったのです。

出前サービスに使った配達用自動車

「ＣｏＣｏ壱番屋」の誕生

「3号店はカレー専門店にしよう」カレーライス販売の好評ぶりから、そう考えるようになりました。１９７７（昭和52）年の秋、妻に相談すると快諾してくれたので、さっそく開店準備に取り掛かりました。

店舗の候補に挙がったのは、西春日井郡西枇杷島町（現・清須市）にあった3軒並びの住居付き店舗の右端。バッカスから車で10分ほどの位置にあり、真ん中は炉端焼き店、左側は喫茶店が入っていました。幹線道路から外れ、店の横と後ろは田んぼ、駐車場は3店舗共有で12台分。どう考えても好立地ではありませんでしたが、「一刻も早く開店したい」ことと「バッカスから近い」という理由だけでここに決めました。周囲の人からは「あんな場所で成功するはずがない」と言われたほど、商売には不利な場所でした。

家賃は7万円、店舗スペースは12・5坪。カウンターのみの20席で開店することにしました。準備をするうちに、「カレーだけで大丈夫だろうか。飽きられるのではないか」という不安がむくむくと湧き起ってきました。

当時は吉野家の好調ぶりが業界誌などで紹介されており、「ごはんの上に盛り付けて出すのはカレーも牛丼も同じ。だったら一緒に販売しよう」と思い立ちました。

ちょうどそのころ、カレーと牛丼を出す店が東京にオープンしたことを知り、その店と著名なカレー専門店を見ておこうと視察に出かけました。

カレーと牛丼を出す店では、自分が目指す店とのイメージの違いを感じ、即座に牛丼の併売をやめることにしました。また著名なカレー専門店では、それぞれが個性的な味を追究しており、「毎日食べるものではないな」と思いました。結局、「自分たちのカレーが一番おいしい」という結論になったのです。

そして帰りの新幹線の中で新しい店の名前を思いつきました。「自分の店のカレーが一番。ここがいちばんや」――。少しでもおしゃれな感じが出るように、ココ・シャネルに倣って「ＣｏＣｏ」と表記することにしました。妻が「ＣｏＣｏがすてきね」と言ってくれたことを今も鮮明に覚えています。

1978年1月に開店した「カレーハウスCoCo壱番屋」1号店

1号店の苦戦

1978（昭和53）年1月17日、「カレーハウスCoCo壱番屋」（ココイチ）の1号店がオープンしました。店長はバッカスに来ていた常連客で、当時は家電販売店に勤めていた前川一幸さん。彼は後年、壱番屋の役員になりますが、当時は飲食店経営の経験はまったくありませんでした。後に壱番屋のモットーになる「ニコ、キビ、ハキ（ニコニコ、キビキビ、ハキハキ）」の接客ができると見込んで、店長就任を打診したところ、即快諾。開店日は前川さんの誕生日に合わせました。

開店準備段階から店の前に開店告知の看板を立てていたこと、開業2日間は開店祝いとしてバッカスや浮野亭で使っている食パンを粗品として配ったことから、午前11時の開店からお客さまがどっと押し寄せ、あっという間に満席状態になりました。

事前に混雑を予測して初日、2日目は5種のメニューに絞り込んでいましたが、殺到する注文がこなしきれず調理に不手際が起きたり、途中でごはんが足りなくなってバッカスから何度も運びこんだりするなど、てんてこまいの状況で、記念写真が1枚も撮れないほどでした。

それでも2日間の来客数はともに200人以上、1日あたりの売り上げも14万円以上と予想以上のスタートを切りました。妻とは「コンスタントに日商6万円が達成できたら、2号店を」と話し合っていたので、この結果には大いに気をよくしたものでした。

しかし、これはぬか喜びに終わりました。3日目からは来客がばったりと途絶えてしまいました。

それは、開店当日と翌日の2日間、素人同然だった店長やスタッフは湯気が出ているから大丈夫と思ってぬるいカレーを出したり、ごはんの用意が足らずに、昼休みで時間が少ないお客さまを待たせてしまったり、揚がりきっていないカツや逆に黒焦げのカツを出してしまったり、と飲食店としては決してやっていけない失態を繰り返していたのです。

忙しさのあまり、私たちが一番大事にしていたはずの接客さえも疎《おろそ》かになっていました。ついには1日の売上が７０００円余り、来客数12人のうち８人が仕入先と妻の身内というような日々が続き、近所では「あのカレー屋は、そのうち潰れるだろう」と噂されるようになってしまいました。

創業時のメニュー板。「浮野亭」のお客さまがパレットを利用して書いてくれた

多店舗化の始まり

お客さまの信頼を失い、苦戦する1号店でしたが、私たち夫婦には「自分たちのカレーとお客さま第一の真心経営があれば大丈夫」という信念がありました。真面目にやれば必ず軌道に乗る、この失敗を次に生かそうと、さまざまな取り組みを始めました。

店で出すカツは中華鍋を使って揚げていましたが、開店1カ月後にサーモスタット付きで自動で温度調整ができるフライヤーのことを知り、早速導入。皿を洗う自動食器洗浄機も導入し、接客にあてる時間を確保しました。

また、私たち夫婦はバッカスや浮野亭の営業が終わると毎日のように店に行き、入口に近い席でカレーライスを食べたほか、レジの伝票差しに数日分の伝票を差しっぱなしにしたり、従業員のクルマを店の前に停めたりするなど、少しでも流行っているような演出をしました。

そのような地道な努力をしているうちに口コミで評判も広がったのか、毎月の売り上げも順調に伸び、同年10月ごろには目標の日商6万円をクリアするようになりました。「誠心誠意、真心を込めて接客し、おいしいカレーライスを味わっていただく」という思いが、店長をはじめとするスタッフの間に浸透していったのだと思います。

開店から1年も経たずに目標の「日商6万円」を達成したことから、1979（昭和54）年に一宮市に2号店、稲沢市に3号店をオープンしました。このころ、私たちは重大な決断をしました。ココイチが3店舗になっても、妻はバッカス、私は浮野亭の経営・運営を続けていましたが、この2店舗を売却して、カレー専門店一本で勝負しようと決めたのです。

常連客が多い店を手放すのは苦渋の決断でしたが、妻は賛成してくれました。実はこの決断にはもう一つの理由がありました。

「二人三脚で仕事をしてきた妻も間もなく30歳を迎える。子どもができないのなら仕方ないが、できるのならぜひ欲しい」――。この世の中に血のつながった存在がいない私にとって重大な問題でした。ほどなく妻は妊娠しましたが、身重の状態でも3店舗の応援に回ってくれました。

1979年11月にオープンした4号店。店舗と自宅、FC本部を兼ねていた

「大盛りチャレンジ」の反省

開店を考えた時から「お客さまのご要望通りにごはんの量を提供しよう」と考えていました。そこでごはんの標準量を300グラム、最小を200グラムとし、ご希望に応じて100グラムずつ増やせるようにしました。

お客さまには一般的な大人からお子さま、肉体労働の男性、小食の女性など、さまざま方がいらっしゃいます。それにも関わらずごはんの量を変えられないのはお客さまのニーズに合っていない、と感じていたのです。予想通り、この大盛りサービスは学生や若いサラリーマンの支持を集め、ココイチ躍進の原動力になりました。

一方、開業から1年経ったころに辛さも好みで選べるようにしました。辛さを増すスパイスを仕上げに調合するだけで、辛さも自由になり、〝量も辛さもお好み次第〟というキャッチフレーズが生まれたのです。

ただ、これらのサービスで反省すべき点もありました。大盛りサービスをはじめる際に「お客さまは最大でどのくらいの量を食べることができるのか」を考えていた時、「標準の4皿分はある1300グラムのジャンボカレーを完食したら料金を無料にする」というアイデアを思いつき、実行してしまったことです。

この奇抜なサービスは大評判となり、わざわざ遠方から挑戦しに来るお客さまもいらっしゃいましたし、マスコミなどでも味や接客より、「大盛りチャレンジ」ばかりが紹介されました。しかし、発案者である私は早く辞めたくて仕方ありませんでした。大切な食べ物をゲーム感覚で提供することに後ろめたさを感じていたのです。辛さについても、私の意に反して罰ゲーム的に10辛を注文するケースもありました。

大盛りチャレンジはなかなか辞める機会がなかったのですが、歴史的な冷夏で米が大不作になり、タイ米を使わざるを得なくなったことを機に、今だとばかりに停止しました。しかし、米不足が収まるとともに、強い復活の要望があり、再開せざるを得なくなり全店復活となりました。

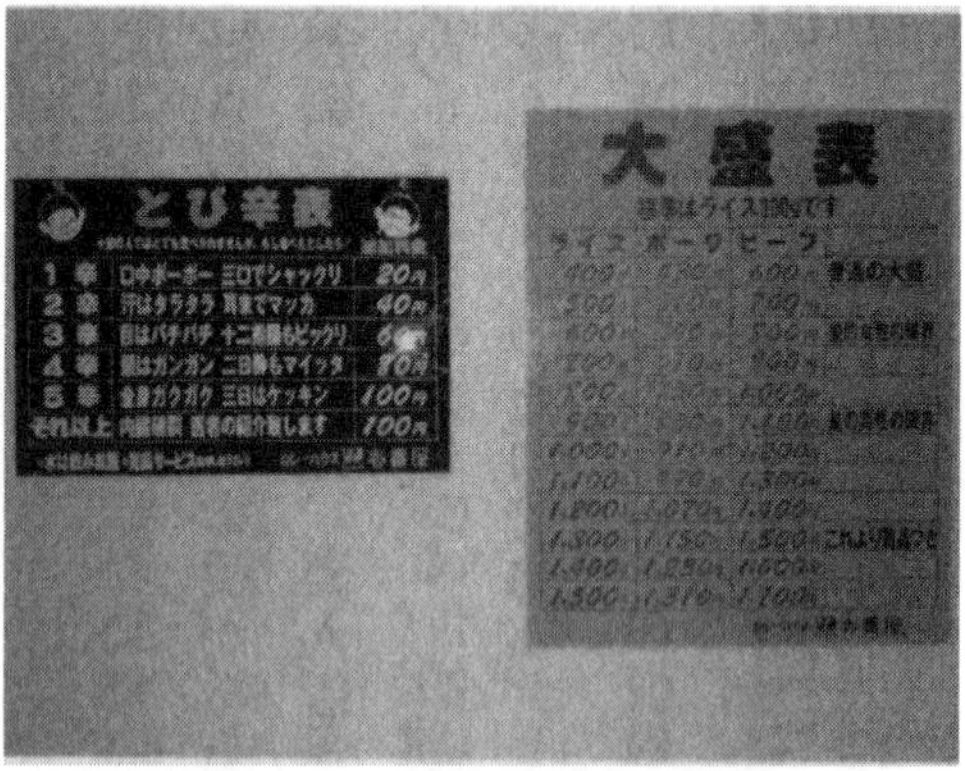

店内に掲示した「大盛り表」と「とび辛表」

ＦＣ展開の始まり

１９７９（昭和54）年、二つの喫茶店を売って得たお金と信用金庫からの借り入れで、初の自社物件を愛知県尾西市（現・一宮市）に建てました。１階がカウンター席16席の４号店とＦＣ（フランチャイズ）本部、２、３階を私たちの自宅にしました。また、将来の多店舗化に備え、敷地内にセントラルキッチン、プレハブの冷凍庫・冷蔵庫を設け、これまで１号店で仕込んでいたカレーをすべてここで作るようにしました。

１号店の開店当日「この商売はＦＣに向いている。将来は多店舗展開が可能だ」と考えていました。ただ、当時の私はＦＣについて雑誌や新聞で読んだ程度の知識しかなく、ほとんど素人でした。それでもこの４号店の外壁やサインポールに「フランチャイズ加盟店募集」を出したのでした。

世の中には説得力や指導力、カリスマ性を持ったFC創始者が話題になっていましたが、私にはそのような能力はありません。とにかく地道に「私なりのFCをつくろう」と考えたのです。

加盟の条件としたのは、私たちと同じように「夫婦で汗を流し、専業生業としてカレーハウスの経営に携わる」こと。

「本業とは別に事業を多角化したい」「店舗に向いた一等地を持っている」「余剰資金があるのでサイドビジネスをしたい」という申し込みはすべて断り、夫婦であることと、その夫婦の人間性にこだわりました。それは街の小さな食堂は、「経営者を中心とした従業員の感謝の心、真心」が最も重要だと確信していたからです。

一方で店舗経営の指導は行うものの、ロイヤルティーは一切不要にしました。本部は自社製造のカレールーや食材などの販売で適正な利益を得ればよいのです。ＦＣ本部と加盟店の共存共栄を図る上で、加盟店により多くのメリットを感じてもらえるようにしたのです。

もし、ロイヤルティーの支払いに不満があると、加盟店は事業意欲をなくしたり、売り上げをごまかしたり、他から商品を仕入れたりします。そんなことからこの方式にしたのですが、これがＦＣ拡大の源泉になりました。気がつくと加盟店１軒１軒が着実に利益を上げ、それぞれが２号店、３号店を出すようになっていました。これこそが「私なりのＦＣ」なのです。

セントラルキッチンとは名ばかりに並んだ寸胴なべ。室温が40度近くになる過酷な環境だった

ブルームシステム（上）

壱番屋にとって最初のＦＣ店である稲沢国府宮店は、１９８０（昭和55）年4月に開店しました。夫婦２人にアルバイト数人という人員で、月商１８０万円と損益分岐点の１３０万円を上回りました。その後、ＦＣ２号店の蟹江店がオープンするなど、ＦＣ展開はゆっくりと歩みながら順調に拡大していきました。

「店はお客さまのためにあり、ＦＣ本部は加盟店さまのためにある」という考えのもと、生み出したこのＦＣビジネスは、各方面から注目を集めました。また、ロイヤルティー不要を聞きつけた企業や個人投資家からの問い合わせが数多く寄せられましたが、私は「夫婦２人で生業《なりわい》として行う」という条件を譲らず、問い合わせや申し込みのほとんどをお断りしていました。面接のときも相手の人柄を見極めることに集中し、「儲《もう》かりそうだから」「うまく軌道に乗ったら自分は店には出ない」など、私の考えにそぐわないような人かどうかを判断していました。

しかし、「自ら汗を流して店に立ち、真面目に商売に取り組む」姿勢を持った夫婦の加盟希望者はなかなか見つかりません。店舗数はゆっくり増えていけばよい、と思っていたものの、この条件にこだわりすぎていると、今の勢いを削ぐことになり、多店舗化のチャンスを逃すことになるのでは、という考えも頭の片隅に残っていました。

また、多くの加盟店さまは良いオーナーなのですが、一部には複数の店舗を運営するようになると、いつしか制服を着ることも少なくなり、店頭に立つ時間も短くなるという加盟店さまが見られるようになってきました。

「焦ってFC店を増やすと私たちが大事にしてきた『真心の経営』を疎かにす

る店舗が増えてしまう。かと言ってこのままでは多店舗化のチャンスを逃すかもしれない」――。二つの相反する悩みの中で、私は「将来は独立してココイチの店を持ちたい」という希望を持った社員が少なからず存在することを知ります。そのことが壱番屋をさらなる飛躍に導く独自の社員のれん分け独立制度、「ブルームシステム」が生まれるきっかけになったのです。

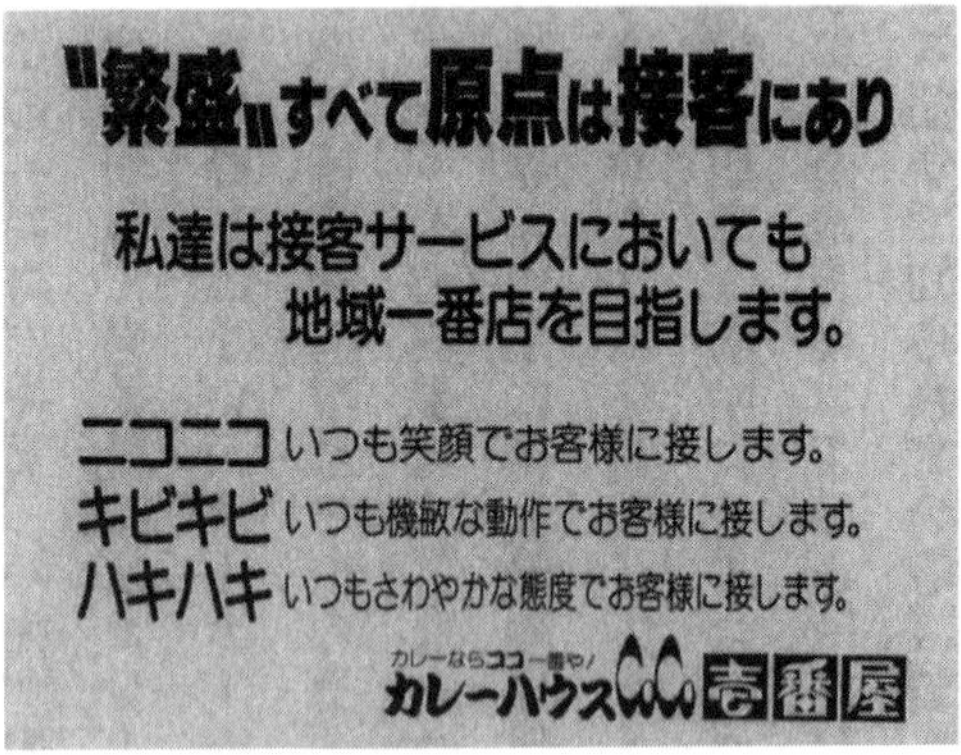
"繁盛"すべて原点は接客にあり
私達は接客サービスにおいても
地域一番店を目指します。
ニコニコ いつも笑顔でお客様に接します。
キビキビ いつも機敏な動作でお客様に接します。
ハキハキ いつもさわやかな態度でお客様に接します。
カレーならココ一番や！
カレーハウスCoCo壱番屋

モットーであった「ニコニコ、キビキビ、ハキハキ」は現在、壱番屋の社是である

ブルームシステム（中）

1981（昭和56）年1月、FC本部スタッフや直営店の店長を集めた新年の会議で、「独立したいと思う社員のための『のれん分け』制度を設けたい」と切り出しました。これがブルームシステムです。「ブルーム」は「開花する」という意味で、「今はつぼみの社員が早く経営者になり花を咲かせて欲しい」という思いを込めました。

FC本部の方針や私たち夫婦の考えを理解できるという点で、壱番屋の社員たちはFC加盟店主として最適です。また、社員であれば社員のうちに接客や調理スキルを徹底して鍛えることもできます。

ただ一方で、業務に精通した有能な人材が独立するわけですから、「独立を応援するのは組織強化の点からマイナスだ」と指摘する声もありました。

しかし、壱番屋の求人戦略面で「あなたも将来、ココイチの経営者になりませんか」「経営者見習い募集中」というキャッチコピーは効果的で、よりよい人材の確保につながると考えていました。

私は社員が独立するための資格を勤続1年以上（後に2年以上に変更）、店長経験3カ月以上と決めました。そして独立した場合、会社から開業資金の一部として240万円を無利息で融資、FC加盟金は正規料金の10分の1、内装・設備機器のリース利用、金融機関の融資あっせんなどのバックアップ体制を整えました。

当時のカレーハウスCoCo壱番屋の標準店舗は12・5坪で開業資金が店舗保証金を含めて1200万円程度で済むのは、東京などでは考えられない破格の安さでした。出店先は郊外の三等地がほとんどで、家賃・保証金は安く、一般の加盟店さまと同様にロイヤリティーは無料。FC本部からは毎日カレールーをはじめ、米とビールを除く使用食材、消耗品を販売し、それを毎日配送するため、社員時代に身に付けた接客技術を生かし、お客さま第一の経営に集中すれば成功する確率はかなり高くなります。

　このブルームシステム本格始動に伴い、一般の加盟店募集を打ち切りました。そして同年3月、ブルームシステム1号である「一宮富士店」が開店しました。

初のブルームシステム店舗「一宮富士店」

ブルームシステム（下）

ブルームシステム1号店「一宮富士店」の経営を担ったのは、ある直営店舗の店長を務めていた林俊弘氏でした。彼は夫婦でがんばり、数年後には8店舗のオーナーになりました。ブルームシステムのモデルケースとして、他の独立希望社員のロールモデルになりました。

以降、社内は活性化し、一気に多店舗化が進行。2009（平成21）年秋の時点で1207店舗のうち、75パーセントがFC加盟店、その大部分がブルームシステムで独立した社員が運営する店舗でした。

一般のFCのほとんどは、経験の有無を問わず、やる気と資金力で加盟店契約を結ぶことができます。オーナー研修も業種業態によって異なるものの、1～2カ月程度か、長くても半年です。

しかし、ココイチのオーナーになろうと思ったら、まず正社員になり、店舗で働きながらオーナーになるための心得、職能を身に付けなければなりません。そして、壱番屋の社是である「ニコ、キビ、ハキ」の精神、店舗運営、従業員教育、経営方法などを現場で学びます。中でも「真心の経営」に欠かせない「いらっしゃいませ」「ありがとうございました」という感謝の気持ちを心から伝えられる人間になることが求められます。

また、独立するまでにクリアしなければならない等級が1~9等級まであり、3等級以上にならないと独立資格を与えないという仕組みになっています。そのため、独立資格を得るには独立社員候補として入社して最短で2年、平均4~5年はかかるようになっています。

独立資格を得た後は厳正な評価を行い、合格点を得られれば独立が認められます。そのため、独立を目指すつもりで入社しても、誰もがオーナーになれるわけではありません。ただし、どんなに不器用で要領が悪い人でも、頑張ることができる人は決して見捨てないという方針を取ってきました。実際に独立までで10年かかり、今では繁盛店を経営するオーナーもいます。

もちろん出店先の検討や債務保証、店舗設計、食材の安定供給など、ＦＣ本部が店舗を全面的に支援します。ＦＣ本部は常に加盟店さまのためにあるのです。

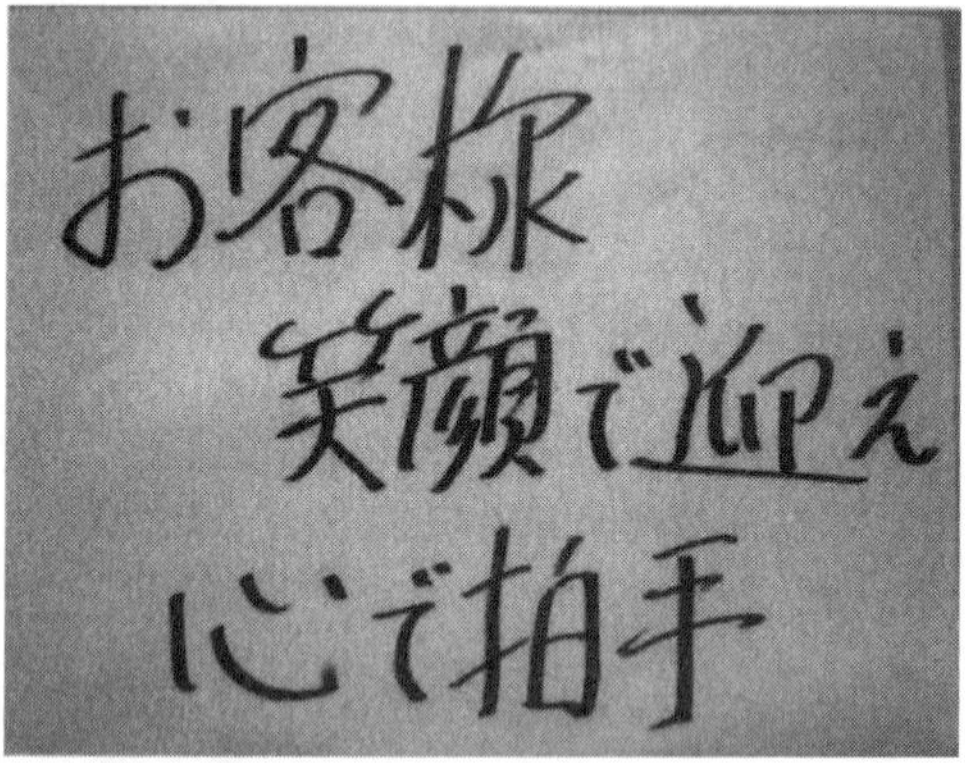

26歳、バッカスオーナーの時「すべてのお客さまを拍手喝さいで迎えたい」という思いから生まれた標語（自筆）

再チャレンジ

１９８２（昭和57）年、カレーや総菜の製造販売、飲食店の経営指導を行うＦＣ本部の「株式会社壱番屋」、直営店を運営する「壱番屋店舗運営株式会社」、製造部門の「壱番屋オリジナルフーズ株式会社」を相次いで設立。創業以来続けてきた個人事業を法人化しました。

ちょうどそのころ、気になっている店舗がありました。81（昭和56）年、紡績が立ち並ぶ地域に出店した直営店「尾西起店《びさいおこし》」です。

その店は浜島俊哉という21歳の青年が店長を務めていました。19歳の時に１号店でアルバイトとして入店し、接客のイロハを徹底的に仕込まれて社員になったという経歴の持ち主です。毎日、食材の配送で各店を巡回していた私は、尾西起店にいくたびに浜島青年から相談を受けていました。彼はほとんど家に帰らず、泊り込みで店の運営に力を注いでいました。

しかし、繊維産業の斜陽化から地域一帯に活気がなくこの地域に人が集まらないこと、地域の人たちも外食の習慣があまりないことから、いつまで経っても客足は伸びませんでしたし、その気配すら感じませんでした。

ここで私は初めて不採算による撤退を決断しました。赤字による閉店は壱番屋初のケース。これは誰が悪いわけでもなく、ひとえに経営トップである私の責任です。

しかし、「壱番屋始まって以来の撤退店」の店長となった浜島青年は、その後、他店舗の応援要員に配属されます。事実上の降格人事であり、ずいぶんと悔しい思いをしたに違いありません。

そんな彼に再チャレンジのチャンスを与えたいと思った私は、尾西起店閉店から約1年後、カレーハウスＣｏＣｏ壱番屋の将来を左右する重要な店舗を任せました。直営店としては初のカウンターとボックス席併設型の「岐阜市橋店」の店長に抜擢したのです。全50席中42席がテーブル席、駐車場20台という大型カレー専門店は私たちにとって未知の領域で、不安だらけのスタートでした。

しかし、開店初日から大盛況。平日の客席回転数は7回転と一般飲食店の2倍、日曜・祝日は20回転近くになりました。カレー専門店でファミリー向け大型店が有望であることとともに、浜島青年の手腕も証明され、見事な復活劇になりました。

尾西起店でのスナップ。左端が当時店長(現会長)
の浜島氏。その隣が私

失敗店を出さない

開業から5年、ココイチは愛知県北部を中心に24店舗を擁するFCとして知名度が浸透しつつありました。通常なら全国進出という目標を掲げるところですが、私は東海地区での店舗数拡大を目指しました。

これは出店数を増やすよりも尾西起店のような失敗店を出さないことを第一に考えたからです。「大きな目標は持たず、1年必死で取り組めば届く目標を立て、それを繰り返す」ことをモットーとしていました。

とはいえ、今後のことを考えると、将来の展開を見据えた拠点をつくらなければならない時期に来ていました。立地・規模の両面において、これまでとは段違いの社屋を検討せざるを得ない状況だったのです。

1983（昭和58）年7月、名神高速道路一宮インターチェンジに近い場所に2階建て、延べ床面積200坪（約660平方メートル）の新社屋を建設しました。1階には日産7万食、100店舗分のカレールーを供給できるセントラルキッチン、2階にはココイチのFC本部とグループ各社の事務所を置きました。新本社の周囲は田畑で、今後業容が拡大して土地が必要な時には買い増し・借り増しができること、一宮インターから高速を使えば関東、関西、北陸と、出店エリアを広げた場合の要になることが魅力でした。

店舗拡大に向けた足固めを終え、84（昭和59）年3月に3番目の子会社「壱番屋店舗開発株式会社」を設立しました。これは出店用の優良貸店舗情報を得て、スムーズな出店をするためにつくったものです。不動産仲介会社時代の同僚・近藤光明氏を役員として迎え入れ、宅地建物取引業の責任者をお願いしました。

不動産開発の専門集団をつくったのは、壱番屋にとって優良な物件、決して好立地と言えないものの、入手しやすくFCオーナーや店長ほか従業員の頑張り次第で繁盛店になる場所を探すことが目的でした。当初1～3年は徹底して売り上げを伸ばす努力や苦労をした方が、結果的には成功します。当初から順調な売り上げが見込める店よりも着実に売り上げを伸ばせる店を目指す。

経営とは長く継続して栄えること、つまり「継栄」であるというのが私の考えです。

名神高速道路一宮インター近くに新社屋を建設

ジャスダックに株式公開

不動産開発の専門集団をつくったのは、尾西起店の失敗を繰り返さないためのものでもありました。

当初は低い売り上げでスタートしても、2～3年で繁盛店に仕立てる手法によって、翌年からの新規出店は二桁増。その結果、東海3県のみの出店ではいずれ飽和状態になると考え、1985（昭和60）年、京都市に6店舗を開設。東海地方限定のローカルチェーンからの脱却を図りました。

京都市での順調な滑り出しを受け、86（昭和61）年10月にはついに首都圏への本格進出1号店である営業所兼直営店を杉並区荻窪駅近くに出店。これ以降、大阪府、福岡県をはじめとして全国各地での店舗展開が加速しました。創業から11年経った88（昭和63）年には100店舗、バブル経済崩壊後の景気低迷期にも毎月平均5店舗を新規出店し、94（平成6）年5月には、全国47都道府県への出店と300店舗を達成しました。

その一方で、多店舗化を支えるための体制強化にも努めました。目論見通り本社の隣地を買い増しし、5階建て社屋を建設して本社を移転したほか、本社近くに3番目のセントラルキッチンを建設。商品配送センターの稼働、さらには全店にPOSシステムを導入しました。

また80億円を投資し、佐賀県、栃木県に、長年にわたり信頼関係を築いてきたハウス食品の全面協力の下、先進的なセントラルキッチンを本格稼働させました。これらの取り組みによって北海道から九州まで全国への供給体制が整い、創業20周年の98（平成10）年10月に500店舗を達成したのです。

この年は私が50歳を迎える年であり、飲食業に転身して25年、壱番屋創業20周年、500店舗達成と区切りのよい年でした。ある朝、これまで多くの証券会社から勧められ、その都度断り続けてきた株式の店頭公開を、ある朝突然、誰にも相談せずに決定。また、私を長年にわたり支え、経営者としても高い能力を持つ妻・直美に社長を譲り、私は会長として経営にあたることも決めました。

直美新社長のもと、壱番屋は２０００（平成12）年にジャスダック市場への株式公開を果たし、02（平成14）年５月には８００店舗を達成しました。

500 店舗達成記念として妻・直美（当時副社長）
と、本社入口の出店ボード前で（1998 年）

経営から退く（上）

株式を公開し、名実ともにマイ・カンパニーからアワ・カンパニーになった壱番屋。次の課題は後継者問題でした。

「自分の子どもに継がせる」という選択肢を取る創業者が多い中、私も妻も自分のひとり息子に経営を任せようという気持ちは誕生以来一度もありませんでした。「創業者の息子だから、会社を継がなければならない」というわけでもないし、実際に息子自身も自分の道を自分で見つけて歩んでいます。

当時、後継者にふさわしいと考えていたのが、副社長の浜島俊哉君でした。浜島君は尾西起店で挫折を味わったものの、その約1年後に当社が躍進するきっかけを作った岐阜市橋店を成功に導き、その後も店舗拡大やＦＣ指導で力を発揮してきた人物です。

「社長をやる自信がついたら、いつでも言ってきてほしい」2001（平成13）年5月、私は彼に話しました。彼は彼なりに考えた結果、想像していたよりも早い、5カ月後に「来期（2002年6月1日）から社長をやらせてほしい」と言ってくれました。熱血漢で誠実、公明正大で努力することを知っており、社長としての能力も申し分ない。浜島君の決断は本当にうれしかったです。

そこで社長である妻と話し合い、期が変わる6月から役員人事を刷新することにしました。浜島君が副社長から3代目社長に就任し、妻は代表権のない会長として会社に残り、私は一切の役職を辞して「創業者特別顧問」という肩書きをもらうことにして、取締役を退任しました。まだ53歳でした。

私にとって壱番屋最後の日になる5月31日の夕方、本社1階で退任のあいさつを行い、社員に見送られながら車で会社を後にしました。駐車場を出て、見送りの社員たちの姿が見えなくなったのを確認すると、同乗していた妻とともに「バンザーイ」と叫びました。この「バンザーイ」は、さまざまな出会いや創業から退任に至るまで悲喜こもごもの出来事へ感謝の気持ちから思わず出たものです。

その日はお客さまからいただいたアンケートはがき１０００枚を自宅に持ち帰り、そのすべてを読み終えてから「これですべての責任を果たした。ありがとうございました」という気持ちから、改めて万歳三唱をして床についたことを覚えています。

株式を公開した際の告知ポスター

経営から退く（下）

新たな社長就任と私の引退について、取引先や金融機関、従業員に驚きを与えたものの、私たちが丁寧に説明に努めたことに加え、浜島新社長の手腕が知られていたこともあって、反対や慰留の意見はまったくありませんでした。

今も講演会等でよく受ける質問は「なぜ苦労して育て上げた会社を血縁でもない人に、53歳という若さで委ねることができたのか」というもの。しかし、浜島君という日本で一番信頼できる後継者を得た私にとって、彼に会社のかじ取りを任せることに何の躊躇《ちゅうちょ》もありませんでした。このような質問について「私の最大の喜びは素晴らしい後継者に恵まれたこと。日本一の事業継承の成功例です」と答えています。これが私の素直な気持ちであり、実感です。

また、「相談役として経営陣に残るという選択肢もあったのでは」「実際には、相談役のような役割を果たしているのではと聞かれることもありますが、私はそうは思いませんでした。創業者が精一杯経営に邁進《まい》すれば、それなりの実績と、ヒト・モノ・カネ、何よりも会社を託すにふさわしい人に恵まれます。その人に経営を任せればいいのです。

相談役として残ると、新社長は「お伺いを立てないといけない。自分がやりたいことを反対される」と考え、相談役は自分の案が採用されないと「せっかくアドバイスしたのに、採用しないとはけしからん」と思うなど、お互いによいことは一つもありません。

実際に浜島社長からは、時折重大な案件に関して報告を受けることはあっても、相談されたことは一度もありません。これは冗談ですが、「私も会社の動向を新聞や雑誌を読んで知るから」というスタンスを取っています。

たとえば私は「店舗の撤退は悪」がモットーで、経営していた時代に店を閉じたのは1店舗だけでした。

しかし、浜島社長は積極的にスクラップ&ビルドを行い、不採算店の退店とそれを上回る新規出店を行っています。

私は、それはそれでよいと思っています。彼は創業者と違い、必要以上に執着はないから合理的判断ができるのでしょう。経営者としての総合力は明らかに私よりも上だと思っています。

2005年に東証・名証1部に上場した（左から私、浜島元社長、直美元会長）

妻、直美の経営手腕

壱番屋の創業から引退するまで一緒に経営者として歩んできたのが妻、直美でした。直美がいなければ壱番屋は、ここまでの会社に成長できなかったと思いますし、何よりも私が飲食業の道に入ることもありませんでした。

私の役割は事業のアイデアを練り、実行に移すこと。そのために必要な資金を金融機関から調達するのが彼女の仕事でした。創業当時、資産も経験も才能もない若い夫婦が、順調な経営を行うために必要な資金を得ることができたのは、ひとえに直美のおかげだったと思います。

夫婦で仕事をしていれば、意見が合わないこともあります。毎日の仕事はハードで、よくけんかもしました。しかし、翌朝になればわだかまりを残すことなく、笑顔でお客さまをお迎えしていました。「どんなことがあってもお客さまに精一杯感謝とサービスをする」という認識は共通していました。

喫茶店からココイチを開業し、2人の間に子どもが生まれた後でも直美は子育てと仕事を両立。店に出て中心となり、長時間必死に働くとともに、従業員教育と資金調達に手腕を発揮しました。

直美は社員一人ひとりの気持ちや店舗の雰囲気を盛り上げるのが得意。時として厳しく叱ることはあっても、後で相手をフォローするので従業員から慕われていました。接客が一定のレベルに達していないFC加盟店に訪れた際も、相手のオーナーに対し「決めたことが守れないのなら、ココイチの看板を返しなさい」と真剣に怒るのは直美の方でした。

また、金融機関との交渉も、対外折衝力のない私に代わって一手に引き受けていました。かつて本社社屋を建設する際、多額の融資を渋る担当者に、「当社のような成長企業にお金を貸さないのは損ですよ」と強気で談判したり、時折人の心を引き付ける笑顔を見せたりするといった、かけひきの上手さは私にはないものです。

１９９０（平成２）年には借入金が１５５億円まで膨らみましたが、直美の人間味と情熱あふれる交渉によって、それまで一度も融資を断られたことはありませんでした。

直美は社長時代に株式公開を果たし、会長時代は店舗で直接指導をするなど徹底した現場主義を貫き、浜島社長を支えました。今は私と同様に役員を退任しています。

店舗で盛り付けを指導する会長時代の妻（右）

お客さまからの「ファンレター」

店舗数が約80店舗になった1987（昭和62）年6月、私は全店舗にアンケートはがきを置くことを決めました。ココイチを利用したお客さまの苦情にも耳を傾けようと考えたからです。これは「苦情はお客さまが私たちにくださる経営上のヒントであり、財産。お客さまは先生でもある」という考え方に則《のっと》ったものです。

本社宛ての専用はがきをカウンター席、テーブル席に用意。郵便ポストに投函してもらうため、1通あたり約70円の郵便料金も会社負担にしました。ピーク時には1カ月あたり3万通にもなり、約210万円の支出になりましたが、このはがきに書かれた内容はお金には代えられない貴重なものだったのです。

このアンケート制度は今も続いています。私はこのはがきの設置スタート時から、壱番屋を退いた日まで、丸15年にわたり1日も欠かさずにすべてのアンケートはがきに目を通しました。

毎日約1千通のはがきを3時間半かけて読みました。「本当にがっかりした」「もう二度と店に行かない」など問題があるはがきを見つけた時は、そのはがきをA4の用紙にコピーし、空白の部分に「あなたの統括している店で、お客さまが悔しい思いをされました。お客さまのご期待にお応えするのは当然のこと。善処してください」などのコメントを書き加えて、夜中であろうが、明け方であろうが、該当する営業所や店舗にファックスで送信しました。

また、内容を見て我慢ができなくなることもあり、名古屋市周辺の24時間店舗であれば時間を問わずに車を飛ばし、店舗の状態を確かめに行くこともありました。その時は顔を隠して入店しますが、店舗のスタッフはすぐに私とわかるようで、休憩室から飛び出してきます。ある日、「なぜ私だとわかるのか」

と聞くと、「夜中や明け方に来店する男性の1人客は社長かもしれないとみんなで注意しています」と言われたこともありました。

もちろん、アンケートはがきの大多数はお褒めやお礼の言葉が書かれたものでしたが、お客さまからの感謝の言葉も苦情も、どれも「ファンレター」だと考えています。

特に苦情が書かれたアンケートはがきは、お客さまにご迷惑をおかけした上、手間をかけて経営上の欠点を指摘してくださっているのです。私には「ファンレター以外の何物でもない」との思いから、いつも心を込めて読んでいました。

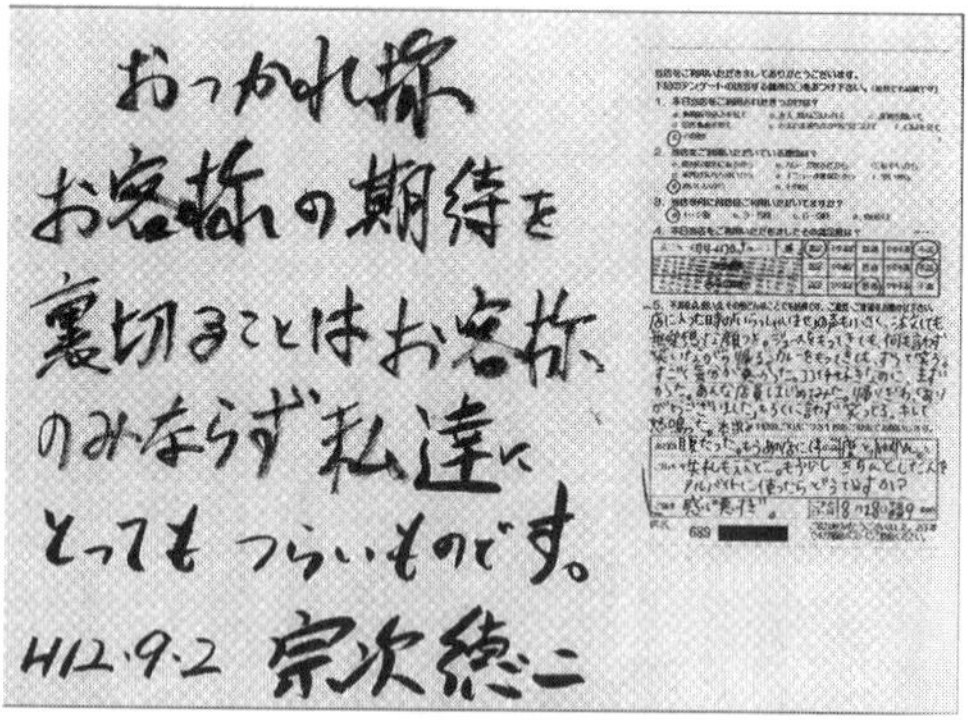

おつかれ様
お客様の期待を
裏切ることはお客様
のみならず私達に
とってもつらいものです。
H12.9.2 宗次德二

自筆のメッセージを添えたお客さまからのアンケートはがき

超早起きの始まり

アンケートはがきを読むようになってから、毎朝4時10分に起床し、4時55分に出社するように決めました。朝9時始業の会社で、4時間以上も前に出社するのはおそらく私くらいで、日本で一番早いと自認していました。

1996(平成8)年の元日、うるう年であったので、「今年は366日、1日も休まず、5500時間以上仕事をする」と目標を掲げました。タイムカードを打刻して記録を取り、1年間1日の休みも取らずに働いた結果、5637時間を達成。1日平均15時間半、制服を着て仕事をしたことになります。

私は記録へのこだわりが強く、私的なことで時間を使った時などは所要時間を算入しない主義なのですが、自分が立てた過酷な目標をむしろ楽しんで達成しました。

例年、大みそかの夜は社長室で除夜の鐘を聞きながら年を越し、新年を迎えるとその年の目標を紙に書いた後、24時間営業のココイチ一宮インター店で〝年越しカレー〟をおいしく食べ、もっぱら新たな年への期待を抱くのです。

5500時間就労の目標を達成したこの年も、そのような年越しをしてから深夜の事務所に戻り、元日は朝6時に社内の「早起き会」メンバー約30人と近隣の清掃をし終え、午前10時ごろに帰宅した途端、気が緩んだのか風邪でダウン。2日間、家から一歩も出られませんでした。

この私らしい無謀とも言える挑戦には、経営者が率先垂範して困難な目標に立ち向かい、必ず達成するという姿勢を持ち続け、現場第一主義にこだわり、会社に身をささげる、という自分自身のこだわりから来たものです。

東京での出張店舗巡回の折には、朝から夜9時まで店舗を訪問。一度ホテルにチェックインし、シャワーを浴びると、また制服に着替えて24時間営業店舗を回るという生活でした。時には巡回先で店外の清掃もするため、巡回を終えてホテルに帰るころには夜が明けてしまい、ベッドに横になることもなくチェックアウトということもたびたびありました。

こんな働き方は労働法に縛られない経営者でないとできないこと。そうしないではいられなかったし、何よりもそれを楽しんでいました。

私は創業時より、経営者は経営に身を捧げるのは当然のことと思っていました。それに何より店の様子を見たい。現場が大好きなのです。

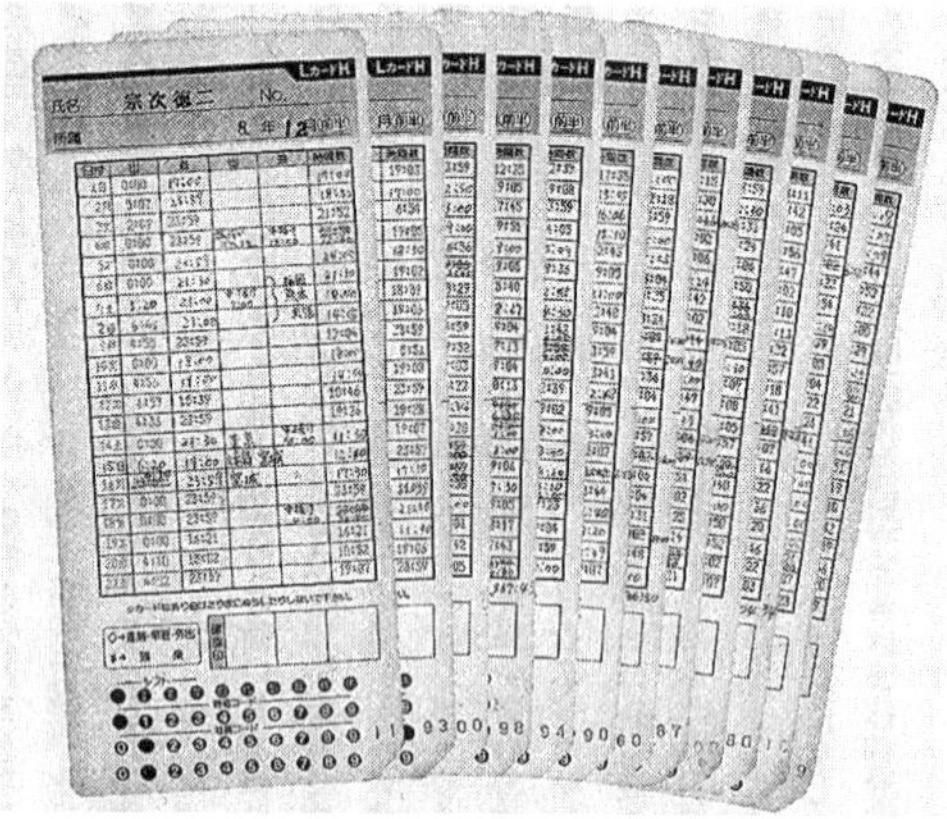

１日も休みを取らなかった年のタイムカード

経営者人生で最高の時

アンケートはがきの設置とともに始めたのが、社員を巻き込んだボランティア活動です。毎朝6時に有志が集まり、本社周辺を中心に30分以上清掃活動をするというもの。通称、「早起き会」、正式名称は「圧倒的に多くの人がばかばかしくてくだらないと思うことを本気でやり続ける会」（略称「くだらない会」）で、私が命名しました。

私の発案に賛同し、早起き会に参加した社員たちと一緒に会社近くの用水路に入り、泥水を浴びながらヘドロ除去作業をしていた時、「今、この時が経営者人生最高の時ではないか」と感じました。若い社員が地域のために、一生懸命奉仕する姿を美しく思ったのです。

本社周辺にはカレーの製造工場や商品の配送センターがあってトラックが出

入りし、社員のほぼ全員が自動車で通勤します。地域住民から苦情の声が上がってもおかしくないのですが、この清掃活動をはじめとする地域社会貢献活動のおかげもあってか、苦情は一切ありませんでした。

清掃活動は直営店、FC店問わず、ココイチの店舗でも行っています。お客さまに気持ちよく来店していただくために、店内はもちろん周辺を清掃します。郊外店なら店の周囲200メートル分、市街地店舗なら向こう3軒分の20～30メートル範囲にあるゴミを拾い、草取りもします。

清掃活動を行うのが決まりではありますが、すべての店で出来ているわけではありません。私は自分のクルマにほうきとちりとりを積んでいて、店舗巡回の時、掃除の仕方が気に入らないと自分で掃くこともたびたびありました。

近隣清掃で大変なのは「継続すること」。誰も見ていないところで、近隣の清掃をするのは自分との戦いでもあるのです。店長やオーナーが率先してできるかどうかにかかっています。よりよい人生にするには姿勢こそが重要である、ということを早起きと掃除から学びました。

ただ、制服を着て毎日清掃していると「掃除を一生懸命行う店なら安心。利用したい」と近所の人から評価され、信頼されるようになります。さらに道行く人やお客さまの目にも留まるようになるでしょう。もし店舗の売り上げが2～3パーセント減ったら、安易に値下げやキャンペーンに頼るのではなく、掃除を徹底すれば半年後には回復する、と私は確信しています。

売上不振の打開策は、姿勢や掃除一つにも心を込めてやり続けること。「店は掃除で蘇《よみがえ》る」のです。

近隣清掃活動に対するお客さまの声をまとめた冊子。人材育成などに使用した

第二の人生（1）

それまで「仕事一筋」の生活を送っていた私は、2002（平成14）年5月31日、世間が驚く中、完全に経営から離れました。周囲は「急に仕事を辞めて、病気にでもなるんじゃないか」と心配していたようです。

引退のその日まで、経営に全力を注いでいましたから、引退後のことは何も考えておりませんでした。しかし、「これからの人生、何をしようか」と思う間もなく、答えは出ました。

それは「困っている人、目標に向かって一生懸命な個人および団体の力になろう」という社会貢献活動を生涯かけてしようと決めました。

幸い手元には株式公開で得た資金があります。これを得たのは、お客さまや地域のみなさん、従業員、取引先など関係者のおかげであったことは間違いありません。世の中に恩返しするため、社会のために使おうと考えました。

ちなみに壱番屋では、15（平成17）年6月から年間の経常利益の1パーセントをチャリティーに使うという内規を定め、あしなが育英会への寄付や地元福祉団体が開催するイベントへの寄付などを行っています。また、直営店の店頭にはあしなが育英会の募金箱を設置し、お客さまに寄付の呼びかけも行っています。

これらの寄付活動は、まさに会社の歴史であり、私個人の人生です。そのきっかけになったのは、開業の翌年、１９７９（昭和54）年暮れの出来事です。

手元の運転資金が常に不足し、まさに自転車操業の時代でした。この時も年末までの支払いなどに、70万円のお金が足りませんでした。妻が交渉力を発揮し、取引実績のない金融機関から１００万円の融資を受けることができました。

通常ならその１００万円のうち、70万円を支払いに回し、残りの30万円を取っておくのでしょうが、私たちは10万円を年越しの費用として手元に残し、残りの20万円は自宅のある地域の社会福祉協議会とココイチ1号店がある街の社会福祉協議会に、それぞれ10万円ずつ匿名で寄付したのです。

今でも思い出しますが、この時の経営状況は本当に厳しかった。しかし、私は「世の中には自分たちよりも、もっと大変な生活をしている人がいる。こうして元気に仕事ができるのは幸せだ。わずかな額だが世の中に役立てよう」と考えたのです。これが寄付の始まりです。

清掃活動で集めた空き缶の分別。業者から支払われた空き缶代は寄付した

第二の人生（2）

「大変な境遇の中で生活している人の力になりたい」という思いが、私の中にあるのは自らの生い立ちが大いに関係していると思います。本書にも書きましたように、孤児として生まれた私は、施設に入所していた幼少期に引き取られた養父母の元で極貧生活を送りました。「食べるものがなく、野草を口にする」など、今では考えられないような生活でした。事業を始めてからも苦労の連続でした。

そんな私がこれまでやってこられたのは、周囲のおかげであることは言うまでもありません。連続する苦労の日々と周囲の人の支援という体験が、「住む場所がない」「食べるものがない」「病気でも医者にかかることができない」などで困っている人、弱い立場にいる人を放っておけないという気持ちを育んだのだと思います。

出張先の街でホームレスの人を見かけると、コンビニに行って温かいお茶とおにぎりを二つ買い、１０００円札を添えて渡すことがあります。また、ボランティア団体が行う炊き出しに、お菓子をボランティアの人数分差し入れたり、毎年12月には暖かい下着や靴下、手袋、使い捨てカイロ、薬など１５０万円分を送ったりしています。

そもそも企業は、地域や多くの人々に支えられて経済活動を行う存在です。社会的弱者を救済するというやさしい気持ちがなければ、よい経営はできないと考えています。そうでなければ、企業は自分の都合だけを考え、利益だけを追い求め、競争に明け暮れるだけの存在になってしまいます。

現在、企業はもとより、商工会や経営者団体の講演に呼ばれることも多いのですが、その際は「経営者なら利益の１パーセント、自らの報酬の数パーセントは毎年、地域社会に寄付しましょう」と呼び掛けています。

世の中には「余裕ができたら寄付をする」という人が少なからずいます。また、自ら汗を流すボランティアに関しても、「時間ができたら活動をする」という人もいます。

しかし、そういう人はお金が有り余っても、時間に余裕ができても、さまざまな理由をつけて、結局は何もしない、ということが多いようです。「余裕ができたら」という人は、一生何もやらないのでは、というのが私の思いです。

これは、寄付というよりも〝助け合い〟です。今すぐ手を差し伸べ、困っている人を助けてあげてください。これこそが自分自身の最高の心のぜいたくです。

清掃活動で集めた空き缶で作ったタワー。「缶を減らす（缶減）」「資源の還元」「福祉に還元」から「カンゲン運動」と名付けられた

第二の人生（3）

壱番屋引退の半年後、2003（平成15）年。私はココイチ創業記念日の1月17日に「NPO法人イエロー・エンジェル」を設立し、理事長に就任しました。妻も理事に加わっています。

このNPO法人は、困っている人はもちろんのこと、芸術やスポーツの分野で高い目標にチャレンジする若者や、将来経営者になることを目指して努力する人を支援することなど主に資金の面で協力することが目的です。

具体的な活動は次の通りです。

・スポーツ振興と助成　・文化・芸術振興と助成　・福祉支援活動　・起業家支援活動　・留学支援活動　・早起き実践活動の支援　・向こう三軒清掃活動　・ゆとり1％チャリティー運動　・青少年に楽器を贈る運動

・町から雑草をなくす運動　・奨学金支援　・クラシック音楽普及活動など。

こうして私が「エンジェル」（注・自分のポケットマネーで支援や投資を行う人）を名乗るようになると、コンサートなどイベントへの協賛やホームレス支援団体からの援助申し込みなど、さまざまな話が舞い込むようになりました。

ある日、私は新聞の地方版で、当時社会人2部リーグのサッカーチーム、FC岐阜の記事を読みました。そこには「FC岐阜の選手は茶髪、ロン毛、ピアス、タトゥーは全部禁止。高校生チームのような規則だが、青少年によい影響を与えたい」と書かれており、その内容に賛同し、早速Jリーグ入りを目指すFC岐阜を支援したいという気持ちになりました。

そしてFC岐阜の事務局と相談し、長距離移動に使用するバスを提供しました。さらにＪリーグに昇格したあかつきには、もっと大型でデラックスなバスを寄贈する約束をしました。

約2年後、ＦＣ岐阜はＪ２に昇格。約束通り中古品であるものの、最初に比べ一回り大きな選手用バスを提供しました。「関東や四国など、遠距離の遠征でも疲れなくなった」と喜んでもらったようです。

ＦＣ岐阜には全国各地から、夢を抱いて選手が集まってきます。彼らには大成してほしいし、夢の実現のために努力する姿を多くの子どもたちに見てもらい、どんな分野でもいいから目標に向かって努力することの素晴らしさ、大切さをわかってもらいたいと思っています。

FC 岐阜に選手移動用のバスを贈る

クラシック音楽のために（1）

私は15歳の時に友人からテープレコーダーを譲り受けたことがきっかけで、クラシック音楽が好きになりました。N響アワーのメンデルスゾーン「バイオリン協奏曲ホ短調64」を録音し、その旋律に魅せられたのがきっかけです。不動産会社に就職した時も、給料で毎月クラシックレコードを何枚も買い、休日は1人で聴いていました。

喫茶店、そして壱番屋の経営を始めてからは仕事に没頭したいため、あえてクラシック音楽から離れていましたが、経営の一線を退いた後には好きなクラシックを心置きなく聴けると考え、数多くのCDを買って聴いていました。

壱番屋の社長を務めていた1990（平成2）年、私は岐阜に自宅を建てることにし、妻と相談して60畳のリビングを造りました。その目的は、社員や関係者との懇親と慰労の場とするためです。慰安旅行や外での食事会はせずに、私たちが中心になって、毎月1回、5日間パーティーを開きました。社員たちを招いたパーティーは私たち夫婦が心からもてなしをする、楽しいものでした。

引退した翌年のある日、たまたまわが家に、あるピアニストのお父さんをお招きしました。彼は広々としたリビングを見て、「宗次さん、この空間でコンサートができますよ。ぜひやりましょう」と興奮した様子で勧めてくれたのです。

それがきっかけでイエロー・エンジェルの活動に「クラシック音楽の普及」を加え、その後の約3年間で25回のサロンコンサートを開催しました。時には著名な演奏家のみなさんにも数多く出演していただき、少ない時でも50人、多い時には120人ほどのお客さまに集まっていただきました。

この活動を通して、私は以前にも増して「クラシックの虜《とりこ》」になっていくのです。若いころに感じていた「長く伝承されてきたクラッシックは芸術性が高く、理屈抜きでいい」という感覚が蘇ってきました。

そして次第にイエロー・エンジェルとして「多くの人々にもっと気軽にクラシック音楽を聴けるようにならないか」「〝人にやさしく、人の心を豊かにする〟クラシック音楽をより多くの人が楽しめるようにするにはどうしたらよいだろうか」ということを考えるようになったのです。

第１回のサロンコンサートの出演者は作曲家の三枝成彰氏。三枝氏にはホール建設でもお世話になった

クラシック音楽のために（2）

　このクラシック音楽のために何かできることはないかと考えていたころにたまたま夫婦で行ったコンサートで出会ったのが、若き世界的バイオリニストの五嶋龍さんでした。

　2004（平成16）年、当時15歳の彼がバンベルク交響楽団（ドイツ）との共演でした。この時はまだ彼とは面識はありませんでしたが、素晴らしいコンサートで、中でもシベリウスの協奏曲に感銘を受けました。

　感動の余韻が冷めやらぬ1週間後、妻が懇意にしていた女性経営者から電話がありました。その内容は「ニューヨークに住む日本人の若いバイオリニストが楽器のオーナーを探している」というもの。つい1週間前に演奏を聴き、感動を与えてくれたバイオリニストが楽器の支援を必要としている——。この話に運命的なものを感じ、「それなら私たちがオーナーになります」と即答したのです。

ご存じの方も多いとは思いますが、名器と言われるバイオリンは非常に高価です。財団や企業が購入し、バイオリニストに貸し出すという形はよくあります。この時、彼が欲していたバイオリンはストラディバリウス。18世紀のイタリア・クレモナで活動した弦楽器職人、アントニオ・ストラディバリの手によるもので、2019（令和1）年の時点で600挺ほどが現存すると言われています。

ストラディバリウスは世界中のバイオリニストの羨望《せんぼう》の的。今も高値で売買されています。当時の私たちは値段について詳しいことはわかりませんでしたが、ストラディバリウスの黄金期である1710年代のものは、とりわけ非常に高価であることは容易に想像がつきました。

「私たちがバイオリンを貸与します」と言った以上、実際に演奏する五嶋さんが真に気に入った楽器を購入するしかない、と覚悟を決めました。こうして05（平成17）年の暮れにストラディバリが1715年に製作した伝説の名器、通称「エクス・ピエール・ローデ」を貸与することになったのです。

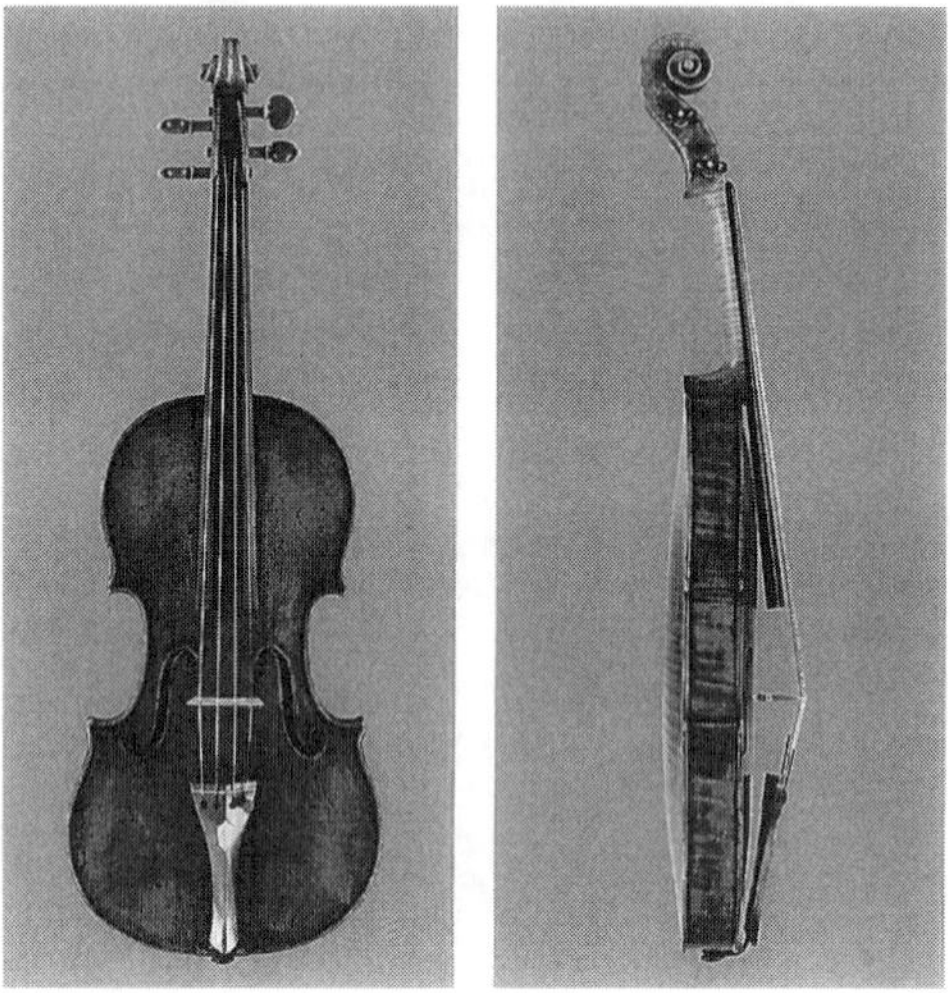

「エクス・ピエール・ローデ」

宗次ホールの建設（上）

妻は以前からたびたび「将来は歩いてデパートに行けるような繁華街に住みたい」と口にしていました。そこで名古屋市中区に75坪（約250平方メートル）の土地を見つけ、さっそく申し込んだところ運よく購入することができました。自宅部分と岐阜で開いていたサロンコンサートを行うスペースをつくるには十分な広さです。妻は「もうこれで私は欲しいものは何もないわ」と言い、その一言に私の喜びはひとしおでした。

ただ、建築プランを作る前に、友人の不動産業者を通じて隣地の所有者に譲ってもらえないかと交渉をしてもらった結果、幸運なことにすべてを譲り受けることができ、全体で250坪（約830平方メートル）の面積になりました。そこでサロンコンサートの会場を考えていた私は瞬時に、「本格的なホールにしよう」と思いたち、音にこだわったクラシック音楽専用の音楽ホールを建てることにしたのです。妻が全面的にこの案に賛成してくれたことは何よりもうれしかったです。

クラシックの音楽ホールの経営で収益を確保するのが難しいことは、全国展開するホールがないばかりか、そもそも民間でホールを二つと持つ例がほとんどないことからもわかっていました。

しかし、私にとってこの事業は社会への恩返しという側面があります。クラシックの世界でプロの演奏家になるには、幼いころから血のにじむような努力を続けなければなりません。そしてプロの演奏家になったとしても、音楽で独り立ちできるようになるのはほんの一握り。各地から声がかかってコンサートを開くことができる人はわずかしかいません。

また、人前で演奏する機会が少ないと表現者としてのモチベーションも技量も下がってしまいます。若い音楽家に仕事の場、発表の場を提供することも社会に貢献する一つの形です。そして、それを通してより多くの人にクラシックに触れていただき、人生をより心豊かなものにしてもらうことも、社会に貢献することだろうと考えていました。

このホール建設には私財28億円を投じることになりましたが、私と妻は「会社経営で得たお金は社会から一時預かったもの。よい形で還元したい」と話し合っていたため、音楽ホールの建設に躊躇することも、後悔することも一切ありませんでした。

クラシック音楽普及のために造った宗次ホール

宗次ホールの建設（下）

２００５（平成17）年4月、待望の音楽ホールの起工式を行いました。総合監修は作曲家の三枝成彰氏、建築設計・監理は團紀彦氏に依頼。施工は大成建設が担当しました。

三枝氏には岐阜の自宅で行ったサロンコンサートに出演していただき、このホールの建設にあたっても、大変お世話になりました。

建築家の團氏は作曲家、團伊玖磨《いくま》氏の次男。日本建築学会賞業績賞、吉岡賞、ＪＩＡ新人賞などの受賞歴があり、台湾桃園国際空港第一ターミナルビルの改修工事を手掛けるなど、世界的にも評価が高い人物です。設計・建設途中には、建築主である私と建築者、施工会社とのイメージが食い違ったこともありましたが、最終的には私たちの意見を通してもらい、満足のいくホールに仕上がりました。

ホールの名前は三枝氏の強い勧めもあって「宗次ホール」と命名。起工式から2年後の07（平成19）年3月29日、完成した宗次ホールでこけら落とし公演を行いました。

この日、私は感激のあまり何度も泣いてしまいました。

朝7時に妻から「おめでとう。よかったね」という電話をもらった時、壱番屋の経営を引き継いでくれた浜島社長からお祝いとしてバイオリン型ピンブローチを贈られた時、開演前にステージ檀上でお礼のスピーチをした時、その直後にお客さまの前で妻と抱擁した時……。

この日の出来事はすべて私の脳裏に焼き付いています。

完成した宗次ホールは、天井高が16メートルと高く、1階232席、2階78席の計310席（車椅子席6席を含む）。すべての席がステージに近いこと、音響にこだわったことが特長で、全席が特別席と言ってもよいほどだと自負しています。多くの演奏者から「ヨーロッパの教会のように音の響きがよい」との評価をいただいています。

宗次ホールこけら落とし公演の当日。左から浜島元社長、妻、私、出演者

青少年に楽器を贈る運動

宗次ホールの運営は後にまた詳しく述べるとして、話をイエロー・エンジェルに戻します。前にも本書で紹介したように、クラシック音楽普及の一環として、次代を担う子どもたちが、主に学校の吹奏楽部活動によって音楽に触れる機会を増やす取り組みを進めています。

それが「青少年に楽器を贈る運動」です。きっかけは愛知県の中学校に勤務している吹奏楽部の顧問の先生からの手紙でした。その手紙によると、学校で使っている楽器は数が足りなくて生徒に行き渡らないこと、あったとしても古くてよい音が出なかったり、壊れていて使えなかったりすると書かれていました。

この手紙を見て、私はさっそく学校に出向き、部活の現場を見てきました。

確かに手紙で訴えていたようなひどい状態の中で部活動が行われており、想像以上の衝撃を受けました。

学校における楽器の整備は行政の役割ですが、行政の手が回らないのならと思い、子どもたちに楽器を贈ることにしました。当初の3年間は個人を対象にしたもので、学校側に「この子に新しい楽器を使わせたい」という子を推薦してもらい、贈っていましたが、先生側から「推薦する子を1人だけ選ぶのが難しい」という声が寄せられました。

それは至極もっともなことだと思い、4年目から方針を転換。学校からの要望を聞き、その活動内容を審査した上で、その学校の部活動に対して楽器を贈ることにしたのです。先生方も「本当に高価な楽器を一方的に贈ってもらえるのだろうか」と半信半疑だったようですが、年々理解され、現在は愛知県内の260校以上（一部、三重県、岐阜県、岡山県を含む）に楽器を贈るまでになりました。

　ちなみに第10回目の2018年度は楽器が不足し、部活動に支障をきたしている愛知県内を中心に中学校126校の吹奏楽部に対して254点の楽器を贈呈しました。顧問の先生、生徒さんからは毎日のように感謝の気持ちの活動報告が寄せられています。なお、第11回目にあたる19年度は、愛知県内の小学校、高等学校に贈呈する予定です。この運動を通じ、子どもたちが目標を持ち、努力することを学び、健やかに成長されることを心から願うのです。

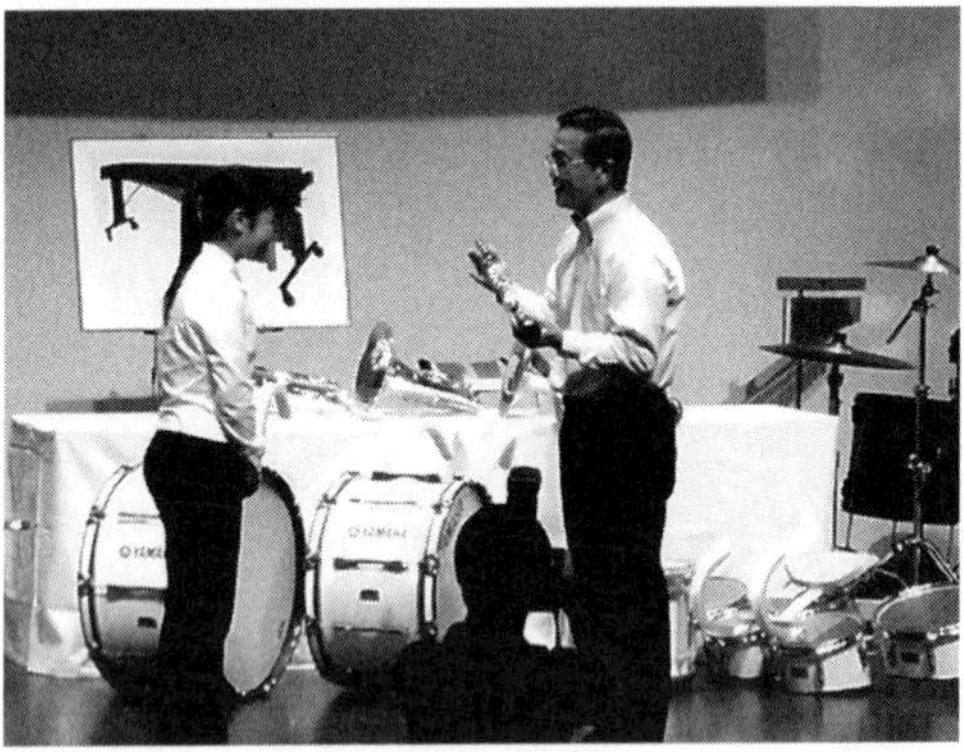

2018年7月に楽器を贈る運動の宗次ホールで
行われた楽器贈呈式

若き音楽家への支援

クラシック音楽の普及と発展のためには、優れた音楽家を育て、世の中に送り出すことが欠かせません。そのための支援に力を注いでいます。

弦楽器貸与もその一つで、きっかけとなったのが五嶋龍さんにお貸ししたバイオリン。

その後も弦楽器を必要とする多くの演奏家の強い求めに応じる形で、バイオリンやチェロなどを購入し、若い音楽家はもとより、すでに世界で活躍している著名な演奏家のみなさんに無償で貸し出しています。ちなみに現在、すべての楽器が貸し出し中です。

国内外の楽器のコレクターは、そのほとんどが所有する楽器を手元に置いているようです。しかし、私たち夫婦は音楽家によりよい楽器を使ってもらい、演奏家としてさらなる成長をしてもらいたいと願っています。そして、メンテナンスを含めた管理はすべて信頼できる専門家にお願いしています。

また、奨学金制度により、音楽家を目指す人を中心に経済的支援を行っています。音楽大学の入学試験に首席で合格した人や、学校から推薦された学生を対象に給付型の奨学金を贈っているほか、演奏家約3400人を会員とする公益社団法人日本演奏連盟を通して、プロのクラシック音楽の演奏家を志す生徒、学生、若手演奏家に対し、国内の教育機関での学業費用または海外留学費用などを支援する取り組みも行っています。

イエロー・エンジェルの支援活動は、クラシック音楽分野に限らず、バレエや能などの公演にも協賛しています。本来は国や自治体がこうした文化・芸術分野にもっと支援すべきと思っていますが、これらに対する予算は厳しいのが現状です。伝統芸能を含めた芸術は国の宝。衰退させることはできません。より多くの人々が、こうした芸術に触れられることを願っています。

宗次エンジェル基金・日本演奏連盟の奨学生決定式

次世代への支援

「青少年に楽器を贈る運動」のほかにも、スポーツや音楽の分野で、夢の実現に向けて努力する学生たちを経済的に支援する奨学金を提供する活動を行っています。

スポーツや芸術の分野で一流になりたいと思って、日々練習に励む子どもたちはたくさんいます。しかし、一流の先生・コーチの指導を受けるにはレッスン料がかかりますし、道具や楽器を購入しなければなりません。また、技量の優れた子であれば、試合の遠征やコンクール出場で国内外に行くことも多くなります。上達すればするほど、経済的な負担はどんどん大きくなり、子どもたちも親に経済的負担をかけたくないと感じていると思います。

そこでイエロー・エンジェルでは、スポーツであれ、芸術であれ、あるいは学問であれ、目標・夢に向かって努力する子どもたちを助成したり、奨学金を送ったりしています。

奨学金は100パーセント給付型ですが、今後は給付型に加えて規定の奨学金では不足する場合や、期間が三年以上となる場合などに活用できる返済型の併用を考えています。新制度では真に頑張っている人、決め事を守る人、支援に対して感謝の気持ちを持ち、「期待に応えたい」と思って努力する人を支援します。

これは、奨学金を希望する方が多くなってきたため、どこまで経済的に困窮しているのかを見極める必要があると考えたからです。子どもたちには、「支援を受けるということは期待をされていることだ」と認識して感謝し、「期待に応えたい」という気持ちを強く持ち、スポーツにしろ、芸術にしろ、一層の努力をし、近い将来にその道で大きく羽ばたくことを期待しています。

私が支援したいと思う次代の担い手は、子どもたちだけに限りません。若い経営者、起業家の支援も行っています。真心の経営を通じ、1人でも多くの人々に喜びと幸せを提供すること、そしてそれを自らの最大の喜びとし、熱意と努力を惜しまずそれを実践し、継続するという、私たち夫婦が行ってきた経営について主にその姿勢を次の世代に伝えたいと思っています。

講演会などを通して、志を持った若き経営者のみなさんに成功してもらいたい、という思いを強く持っています。

ココイチ店舗の新人社員研修会で全員が独立制度の候補社員（前列左から２人目が私、３人目が妻）

向こう三軒清掃運動

地域清掃は「社会への感謝」であり、「経営者としての姿勢」だととらえています。この考えは壱番屋を経営していたころも、今もまったく変わりはありません。

イエロー・エンジェルでも、街の美化は重点的な取り組みの一つ。毎日、名古屋の中心地を東西に走る広小路通りの400メートルほどのゴミや落ち葉を集め、雑草を引き抜き、主に黄色の花が咲く植物を中央分離帯の歩道に植え、毎日水やりなどの管理をしています。

私はこの清掃活動のために、遅くとも毎朝4時には事務所に入ります。机に向かって一仕事し、6時前後から清掃を始めます。出張などで不在の時を除き、年間350日ほどやり続けています。なので、日本国内で数多くの講演会を依頼されますが、可能な限り日帰りにしているのも、主にはこの毎朝の清掃をするためです。

もちろん、夏の暑い日も冬の寒い日も、雨の日も雪の日も関係なく行っています。はたから見れば、早起きするのは辛いし、街の清掃も花の管理も毎日続けるのは大変なことですが、私はこの清掃活動を自分自身への日々の課題克服と思って楽しみながら行っています。

また、うれしいことに、この大変な早朝のボランティア活動に、若い人たちが積極的に参加してくれるようになりました。これには大きな幸せを感じるとともに、それが私のエネルギーにもなっていると思っています。

清掃時間は1時間から3時間ほど。ほぼ毎日続けているため、地元の朝の風物詩のようになり、通勤途中などにあいさつをしてくれる人も多くいて、それも楽しみの一つです。

近隣清掃は毎日続けなければ意味がありません。また、やらなくても、誰にも文句は言われませんし、辛いとか誉められたいとかの問題でもありません。要は生きる上での大切な姿勢なのです。「清掃する、しない」は人の心の問題であり、その人の生き方なのだろうと感じています。

名古屋・栄　地下鉄12番出口にて
植えた花の世話をする私

ワンコインチャリティー運動

クラシック音楽の普及、次代を担う子どもたち、若き経営者の支援、街の清掃以外のイエロー・エンジェルの活動としては、社会福祉の分野で尽力されている方々へのお手伝いや、ホームレス、留学生への支援などが挙げられます。

基本的にこれらの活動は、私たち夫婦が出資したお金を充てていますが、私たちの活動に賛同いただいた個人・法人から、私やイエロー・エンジェルにご寄付をいただくことも少なくありません。

時には驚くほどの多額の寄付をいただくこともあります。金額の多寡にかかわらず、こうした人たちの存在を心からありがたく、また頼もしく思っています。

寄付は無理強いするものではありませんが、私自身は困っている人のために尽くすのは当たり前のことだと思っています。地域社会の中で事業を行い、収益を得ている経営者であればなおさらです。事業を起こして長く経営できるのは経営者の努力の賜物でもありますが、何よりもお客さまをはじめ、従業員、取引先、地域社会のおかげであることを忘れてはいけません。

そこでイエロー・エンジェルでは、「ゆとり1％チャリティー運動」として、「日常生活の中で少しぜいたくをした」「旅行に行った」「コンサートを楽しんだ」など、ゆとりを感じた時に、その1パーセントをまったくゆとりのない人のために寄付する運動を提唱しています。たとえば5千円の1パーセントは50円。1回あたりはわずかでも、まとまれば大きな金額になります。また、企業であれば、経常利益の1パーセント、多くの報酬を得る経営者なら年間報酬の数パーセントは、困っている人、一生懸命な人・団体に寄付したいものです。

宗次ホールには、1階ロビーなどに50個ほどのチャリティー募金箱（チャリティーボトル）が置かれています。福祉施設やホームレス支援団体、介助犬育成・普及団体、交響楽団など、みなさんが支援したいと思った先に自由にお金を入れていただくというものです。

これらのボトルに入れられたお金は年1回集計し、イエロー・エンジェルが責任を持って寄付先にお渡ししています。寄付というと「余裕ができたら」と言われることが多いのですが、「助け合い」となれば「今すぐ助け合いましょう」となるのではないでしょうか。

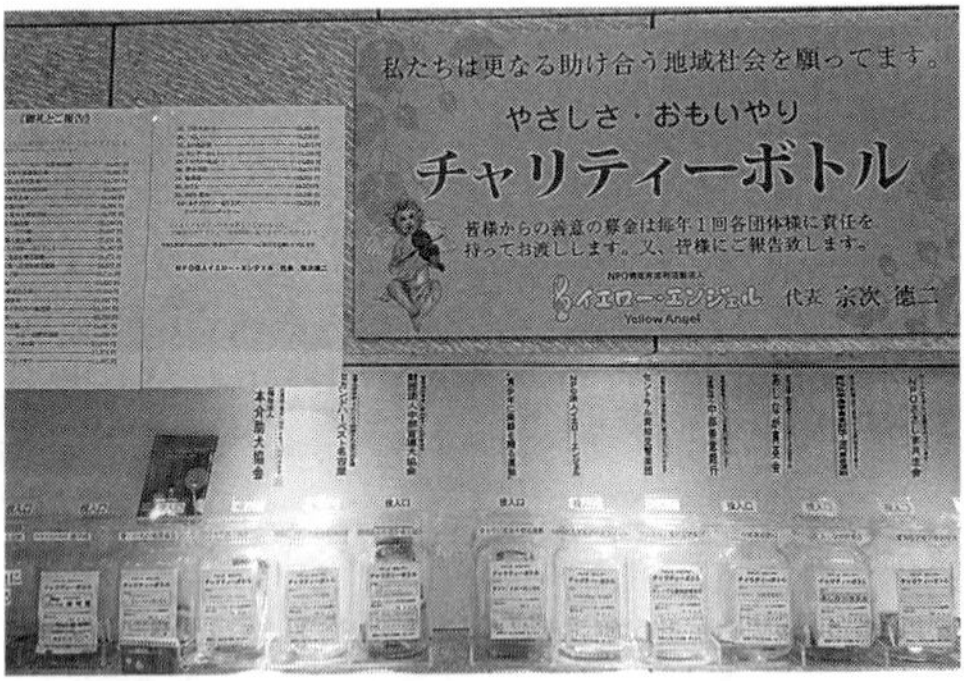

宗次ホールに設置されたチャリティーボトル

宗次ホールの運営（1）

私が運営するクラシック音楽専用ホールは名古屋市の中心、栄地区にあります。名古屋市営地下鉄栄駅から徒歩で4分ほどの距離です。コンサートを楽しむとともに食事や買い物にも便利な立地の良さが特長です。

客席数は310席。保有ピアノは多くのピアニストから愛されている「スタインウェイD—274」と「ヤマハCFⅢS」。やや専門的になりますが、音響にはとくにこだわり、ホール側面、天井などには音響拡散体や残響可変幕等を設置。クラシック音楽の演奏に配慮した設計になっていて、国内外の著名な演奏家からも高い評価を得ています。

公演は、ほぼ毎日行っています。1日2回公演もありますから、年間で約400公演が開かれています。その全てのコンサートを宗次ホールが主催。西洋のクラシック音楽を中心に、日本をはじめ世界各国の古典音楽のコンサートとなります。出演者も世界的に知られている演奏家もいれば、オーケストラの団員として現役で活躍されている演奏家、これからプロの演奏家として羽ばたこうとしている若い演奏家までさまざま。2007（平成19）年の開館以来、現在まで4454公演（2019年12月末）を開催しました。

宗次ホールのキャッチフレーズは「くらしの中にクラシック　クラシック音楽は人も社会も優しく、明るくしてくれます」です。

音楽、とくにクラシック音楽は、人の心を癒やし、穏やかな気持ちにしてくれます。そのような人が増えれば、私たちが生きる現代社会もますます明るくて平穏なものになると、私は確信しています。

そこで多くのみなさんにクラシック音楽の良さを知ってもらい、親しんでもらおうと、さまざまな工夫を凝らしています。その一つがランチタイム名曲コンサートやスイーツタイムコンサートです。昼間、気軽に来ていただける演奏会の企画。詳しくは後に紹介しますが、これらのコンサートでは、クラシックの入門的な、多くの人に親しまれている名曲が演奏され、ご友人同士で誘い合って来てくださる方も増えています。

また「宗次フレンズ」という会員組織も結成。これは登録（無料）をしていただくと、一般発売開始の7日前に先行してチケットのご予約・ご購入ができるほか、毎月無料でコンサート情報（チラシ）をご自宅にお届けするというものです。申し込みは個人でも法人でも可能です。

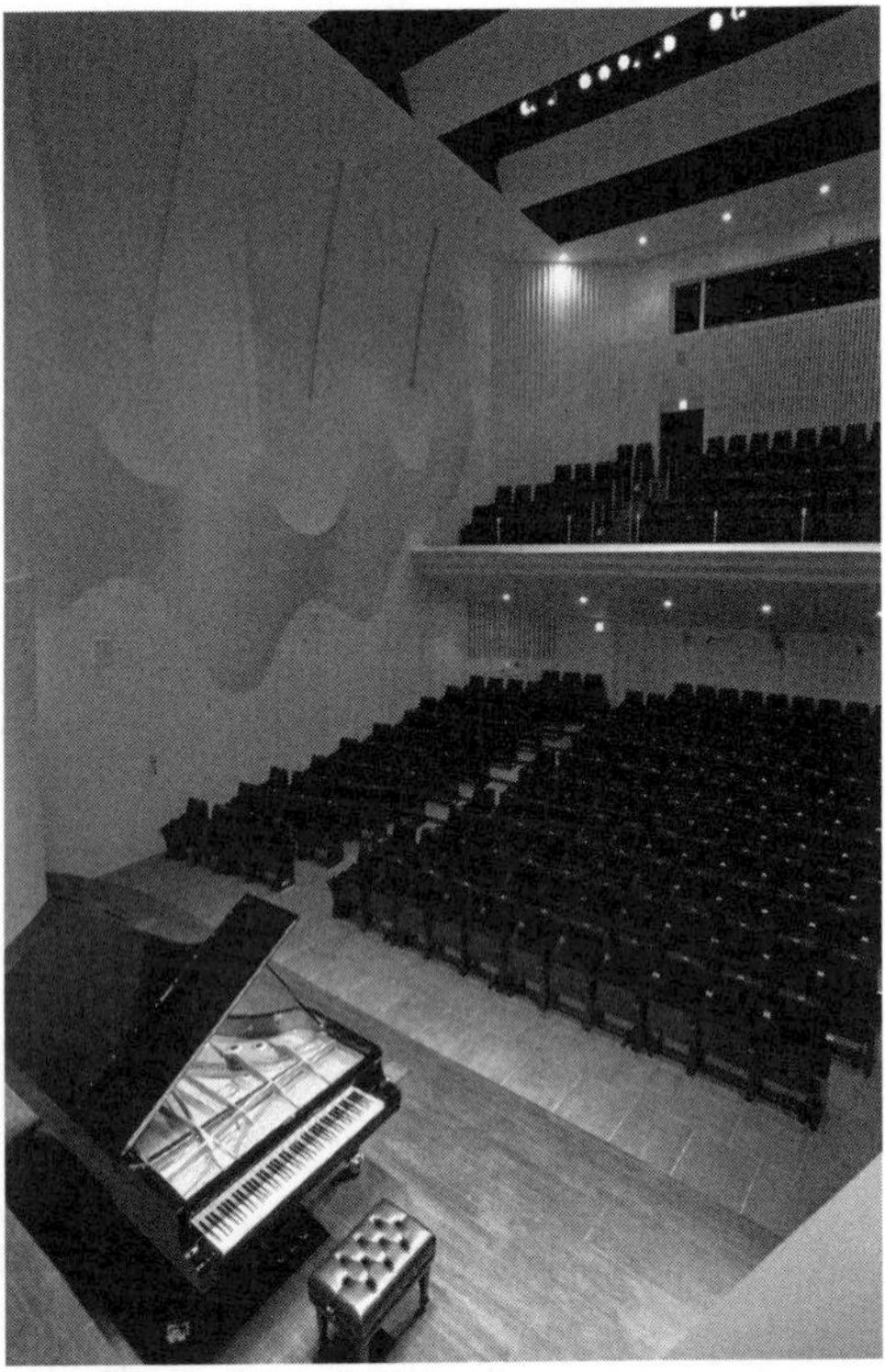

クラシック専用の宗次ホールの内観

宗次ホールの運営（2）

オープン前よりぜひ行ないたいと考え、当初から実施したランチタイム名曲コンサートは、これまでクラシック音楽に親しむ機会が少なかった方々に、気軽にクラシック音楽の名曲の数々を生演奏で楽しんでいただき、意欲的な演奏家にはより多くの演奏機会を提供するという目的でスタートしました。宗次ホール開館以来、継続して開催され、現在では通算1953回（2019年10月末）となりました。

このコンサートは、例外として土日に行う時もあるものの、原則的には平日に開催します。コンサート後にホールを後にしたみなさんがお食事を楽しんでもらえるよう、午前11時30分開演、12時30分終演になっています。なお、宗次ホールでは近隣の提携飲食店でお食事ができる「ランチ&クラシック」のチケットも販売しています。

また、このランチタイム名曲コンサートの考え方を、昼下がりの時間に適用したスイーツタイムコンサート（午後1時開場、1時30分開演）も開催。こちらも近隣の店舗でスイーツやお茶を楽しめるプランチケットを宗次ホールで販売しています。

このスイーツタイムコンサートに出演するのは、プロとして既に活躍している音楽家。プログラムは、名曲を中心に演奏していただき、その曲や隠れた名曲、作曲家にまつわるエピソードを紹介することをお願いしています。演奏家にとってこの二つのタイプのコンサートは、演奏家とお客さまがより身近に触れ合える機会になっており、昼時に開催する数多くの演奏会は全国でも唯一、新たな文化となったと自負しています。

その一方で、これから演奏家を目指す若い学生を対象にした3種のコンクールを開催。国際的に活躍が期待される若いバイオリニストの発掘と将来的支援のための「宗次エンジェルヴァイオリンコンクール」、サラサーテ作曲ツィゴイネルワイゼンの1曲のみの演奏を競い、日本一のツィゴイネルワイゼン弾きを決める「宗次ホール・ツィゴイネルワイゼンバイオリンコンクール」、名曲が多く芸術性が高い弦楽四重奏を対象にした「宗次ホール・弦楽四重奏コンクール」などを行っています。

これらのコンクールが音楽で身を立てることを目指す若い人たちの目標になっており、既に入賞者の中から国内外で活躍している演奏家が出てることが何よりもうれしく思います。ぜひ、多くのお客さまにホールに足を運んでいただくことにより、演奏家を励まし、育てていただきたいと思います。

第１回「宗次エンジェルヴァイオリンコンクール」の審査員及び入賞者と共に表彰式（前列左から４人目が私、５人目が妻）

宗次ホールの運営（3）

2013（平成25）年9月、宗次ホール以外の場所でクラシック音楽に親しんでもらいたいと、「クラシック音楽届け隊」（以下、届け隊）の活動をスタートしました。会場は公民館や市役所ホール、集会所、各種施設など。普段は音楽ホールに足を運べないお客さまに生演奏を聞いていただき、クラシック音楽の良さを知ってもらおうと考えたわけです。

しかし、何度か開催しているうちに、クラシック音楽をあまり聴いたことがない人たちが多かったため、よりわかりやすく興味を引くような工夫がないと、なかなか演奏を楽しんでいただけないことがわかりました。

「お客さまが聴きたい曲は何か」「どのような話なら興味を持ってもらえるのか。逆にどのような話をすると、お客さまは引いてしまうのか」などを検討し、しっかりとしたシナリオを描いてから、本番に臨むように心がけました。

つまり、お客さまに「今日は楽しかった」と感じてもらうだけでなく、ステージでの立ち居振る舞いや感謝の気持ちを込めた表情まで意識し、「また演奏を聴きたい」と思っていただけるレベルを目指したわけです。

その結果、お客さまの反応が格段と良くなり、来場したお客さまの中から「私の街でもやってほしい」という声が寄せられるようになりました。

さらに、あるホールを会場にした時には、演奏を聞いたホールの館長に評価され、そのホールの主催公演に演奏者が招かれたり、届け隊の音響を担当していたイベント会社の社長に気に入られて、演奏の仕事を依頼してもらったりするなど、予期せぬ成果もありました。

音楽大学・学校では、演奏技術の指導は行っても、「お客さまを楽しませる」方法については教えてくれません。そこで宗次ホールに出演する演奏家や届け隊のメンバーは、宗次ホール自身が育てなければいけないと考え、「届け隊プロジェクトチーム」を発足させました。

コンサートにおけるシナリオの重要性を認識し、お客さまを楽しませる演奏をしたいという思いを持った演奏家を募集。届け隊の活動に参加してもらうほか、ランチタイム名曲コンサートなどに出演してもらうというものです。

この取り組みを通して、多くの若い演奏家のみなさんに「お客さまを楽しませる」技を磨いて欲しいと思っています。それはとりもなおさず演奏家自身の学びでもあります。

「クラシック音楽届け隊」の活動（愛知県一宮市の「オリナス一宮」で）

宗次ホールの運営（4）

これまでに、より多くのみなさんにクラシック音楽に親しんでもらうための取り組みを進めてきました。その結果、満席となる公演も増えましたが、そうでない公演もあり、まだまだ目指すレベルではありません。しかし、努力を続ければいつかは実る、そう思って真心を込めて、ホールの運営をしています。

さて、カレー専門店の経営からクラシック音楽ホールの運営へと転身したわけですが、いずれの経営も素人商法。世の多くの経営者と比較して、生き方を含めユニークなため、これまでにも数多くの取材を受けてきました。

ある取材で「クラシックコンサートで収支を合わせるのは大変。クラシック音楽ホールは、なかなか利益が出ない商売です」と答えたら、記者の方から即座に「文化・芸術の音楽ホール運営で『商売』という言い方はあまりふさわしくないのではないでしょうか」と返されたことがありました。

それに対し、

「宗次ホールが行っているのは、単なる『商売』ではありません。『音楽によって心をやさしくし、豊かにする』ということが、宗次ホールならではの新しい商売なのです。特にクラシック音楽は人をやさしくし、街を平穏にすると私は思っています。まさに新しい心の商売、『心《しん》商売』なのです」と答えました。

今後も、これまでの音楽ホールの常識にとらわれることなく、年間３６５回ほどのコンサート開催を目標に積極的な経営を行っていくつもりです。ホール主催コンサート数とランチタイム名曲コンサート数では、日本一の開催数を誇っています。来てくださるお客さまに常に感謝の気持ちを持ち、「やさしさ・親切・おもいやり」の笑顔あふれるホールが目標です。

みなさんも、時にはクラシックコンサートに足を運んでみてはいかがでしょうか。クラシックは決して難しいものではありません。それでも「よくわからないから」という方は、初心者向けのランチタイム名曲コンサートがおすすめです。きっと心が穏やかになり、やさしい気持ちとともに、これまでにない感動を覚えるはずです。

わかりやすい解説がついた初心者向けのランチタイム名曲コンサート

真心の経営（1）

接客業で最も大事なのは「真心を込めた経営」だと私は思います。壱番屋の社長時代、私の最大の関心事は接客サービスではどこにも負けたくないとの思いから向上心を持ち、こだわり続けてきました。

接客の善し悪しは、お客さまにどれだけ感謝の気持ちが持てるか、そしてそれをどう表現できるかで決まります。誰でも言葉で「いらっしゃいませ」「ありがとうございます」を言うことはできますが、感謝やおもてなしの気持ちを伝えることはなかなか難しい。しかし、これができれば競合他社に差をつけることができるのです。

ポイントは、自分を含めたスタッフの表情や動き方だと思います。少々不器用でも笑顔でハキハキと答える、何事にも一生懸命に取り組むという姿勢であれば、お客さまの心に訴えます。逆に感謝の気持ちがこもっていなければ、調子よく声を出していても、それはお客さまにすぐ見抜かれてしまうのです。

壱番屋の接客のスタンダードをつくったのは、妻の直美でした。彼女はココイチの前に、喫茶店を創業した時から、お客さまに「この店に来てよかった」「また来よう」「今度は家族や友人を誘って来たい」と思っていただけることを最優先に考えていました。

「お客さまにいかに安心してくつろいでもらえるか」「居心地がいいと感じてもらえるか」を追求し、お客さまのグラスの水にも注意を払っていました。「お客さまから『お水をください』と言われたら、私の負け」と言っていたほどです。

接客にこだわった私たちは、安売り商法に走ることなく、右肩上がりの経営を続けることができました。感謝と笑顔の接客重視の経営こそが、商売の原点だと確信しています。

ココイチのスタッフの社是は「ニコニコ（いつも笑顔でお客さまに接します）・キビキビ（いつも機敏な動作でお客さまに接します）・ハキハキ（いつもさわやかな笑顔でお客さまに接します）」です。創業間もない4店舗の時に、モットーとして策定しました。

これには文字通りの意味はもちろんのこと、内面的な感謝、仕事への意欲、協調性、向上心の重要性を認識するという思いが込められています。長らくモットーに過ぎなかったのですが、浜島社長に経営を委ねた直後に、浜島社長が社是に格上げしてくれました。非常に感激したことを今も覚えています。

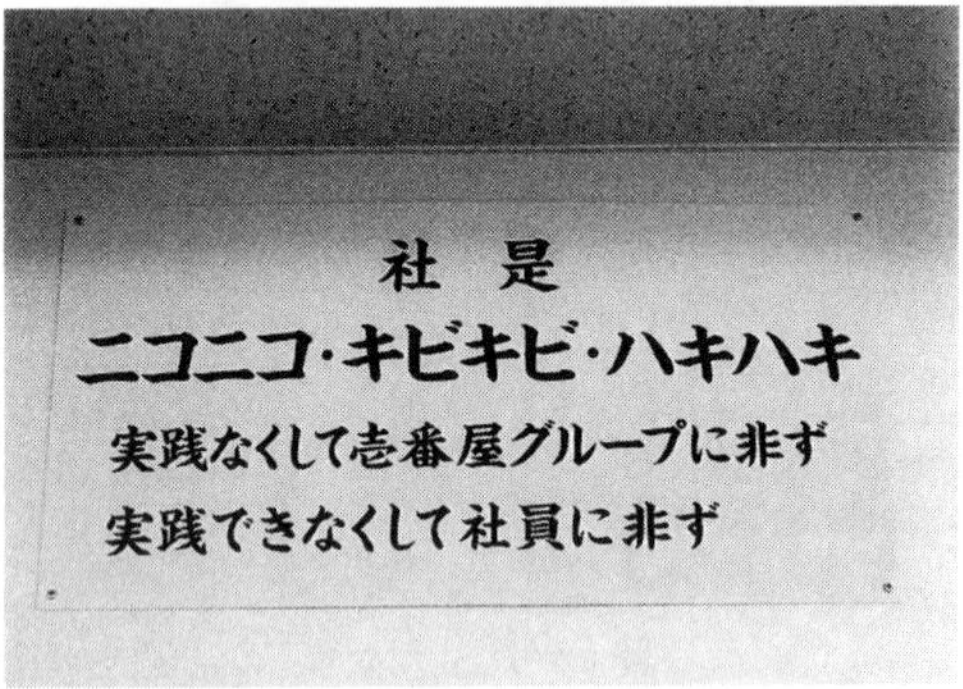
社 是
ニコニコ・キビキビ・ハキハキ
実践なくして壱番屋グループに非ず
実践できなくして社員に非ず
浜島社長時代に社是として格上げされた

真心の経営（2）

「真心の経営」の精神は、当然宗次ホールでもこだわり続けています。私は最初に開業したバッカスから変わらぬ経営姿勢による「感謝の心　お客様　笑顔で迎え　心で拍手」を宗次ホールでも実践。もちろん、まだまだ満足のいくところには達していませんが、この思いを持ってホールの運営をしています。

私の1日は早朝4時ごろには事務所に入り、お客さまから寄せられたアンケートはがきへのお礼状を書いたり、広小路通りの清掃・花の管理をしたりすることから始まります。コンサートがある時は開場15分前から開演時間までお客さまをお迎えし、終演後も出入り口付近で「ありがとうございました」と感謝の意を込めてお見送りをさせていただいています。

宗次ホールはおかげさまで多くのお客さまにご来場いただくようになりまし

たが、毎回コンサートが満席という状態にはなっていません。私の今の目標は「毎日のように満席にする」こと。真心の経営を続けていけば、必ず実現できると確信しています。

私の人生は、本当の両親の顔も知らず、極貧の生活からスタートしました。他人から見ればかわいそうな状態だったかもしれませんが、自分自身は不幸とは感じたことは一度もなかったのです。今から思うと「幼少期は相当過酷だった」とは思いますが、その時の経験一つひとつがその後の人生に生かされていると思います。

そして、今はクラシック音楽の普及のために活動したり、講演活動をしたり、街の清掃をしたりと、社会の役に立つことだけをするという幸せな日々を送っています。

少年期の極貧時代を支えてくれた地域社会のみなさん、社会に出た後、とりわけ最初に開業した喫茶店やココイチに来てくださったお客さま、ＦＣのオーナー・従業員、取引先や銀行、それから私の後に壱番屋の経営を担ってくれた浜島俊哉会長ら、これまで私が出会った全てのみなさんのおかげで今があるのです。

そして何よりも、すぐに思い付きで行動してしまう私に全面的に協力し、私の何倍もの力を発揮し、ともに人生を歩んできてくれた妻の直美の存在が大きかったと思っています。

私が素晴らしい人々に巡り合い、このような人生を得たのは「運が良かった」からにほかありません。「感謝の気持ち」を持って、これからも宗次ホールを「お客さまの視点に立った日本一の音楽ホール」にすべく、努力していきます。みなさま、本当にありがとうございました。そしてこれからもどうぞよろしくお願いいたします。

ホール前でご来場のお客さまを毎日お迎えする

あとがき

私の70年余りの人生、改めて振り返りますと、目標を立て計画的に歩んできたわけではありませんでした。常に成り行きで生きてきたように思います。

私生児としてこの世に生まれ、とんでもない幼少期を過ごし、結婚後ひょんなことから飲食業を始め、「感謝と真心」を何より大切にし、お客さまや社員を始め、私たちに期待を寄せてくれる多くの人々に喜んで頂きたい一心で妻共々経営に没頭し続け、今日まで歩んでまいりました。

どこまでもこの私を導き支えてくれた妻に、家族に感謝です。

また当然ですが多くの社員さん、お客さま、そして公私にわたって関わり協力やお力添えを頂きましたすべての皆さまに感謝です。

本書を最後までお読みいただいた皆さまには、先行きを見通せない世の中ですが、常に目標に向かい、一途に直向きに人生を歩めば、必ずや後悔の少ない人生になるであろうことを信じております。

より良き人生とするためのキーワードは、「真心と感謝」一言で言いますと「やさしさ」だと思います。皆さまのご健勝とご多幸を心よりお祈りいたします。

最後になりましたが、この度の出版に際しましては、中部経済新聞社の皆さまにご尽力いただきました。心より感謝いたします。誠にありがとうございました。

令和元年12月吉日

筆者

＊本書は中部経済新聞に平成31年1月5日から同年2月28日まで四十六回にわたって連載された『マイウェイ』を改題し、新書化にあたり加筆修正しました。

宗次 徳二(むねつぐ とくじ)

1967（昭和 42）年、愛知県立小牧高校卒。不動産、住宅会社勤務、不動産業自営を経て、78 年カレーハウス CoCo 壱番屋を創業。82 年壱番屋を設立し社長に就任。98 年会長、2002 年役員を退任。NPO 法人イエロー・エンジェル、同クラシック・ファン・クラブ理事長、宗次ホール代表。
石川県出身。

中経マイウェイ新書　045

〝ココ一番《いちばん》〟の真心《まごころ》を

2020 年 2 月 27 日　初版第 1 刷発行
2024 年 3 月 31 日　初版第 3 刷発行

・

著者　宗次《むねつぐ》 徳二《とくじ》

発行者　恒成 秀洋　発行所　中部経済新聞社

名古屋市中村区名駅4-4-10　〒450-8561
電話 052-561-5675(事業部)

印刷所　モリモト印刷株式会社　製本所　株式会社三森製本

ISBN978-4-88520-225-4